＼ 誰でも無理なくできる！ ／

中学校理科が もっと 楽しく なる
1人1台 端末の活用

山口晃弘 編著

東洋館出版社

はじめに

最近は、現金を使わずに過ごすことは難しいことではない。例えば、コンビニエンスストアでのキャッシュレス決済等など、広く普及している。あらかじめチケットをネット予約するのが当たり前になっている映画やコンサート。スマホやカードをタッチして通る駅の改札。タブレットで注文した料理を自動配膳ロボットが運んでくる全国チェーンの飲食店。いずれも、すでに見慣れた光景である。

家庭内でも、見逃したドラマや見たい映画を検索してテレビで鑑賞したり、SNS、テレビ電話、オンライン会議などをしたりすることが増えた。DXの推進によるICT活用は日常生活に定着してきている。

そもそも「DX」は、Digital Transformation（デジタルトランスフォーメーション）の略で、直訳すると「デジタル変革」という意味である。スウェーデン・ウメオ大学の教授エリック・ストルターマン氏が2004年に「ITの浸透が人々の生活をあらゆる面でより良い方向に進化させることをDXとする」と、提唱したことが最初だと言われている。

経済産業省は、「企業がビジネス環境の激しい変化に対応し、データとデジタル技術を活用して、顧客や社会のニーズを基に、製品やサービス、ビジネスモデルを変革するとともに、業務そのものや、組織、プロセス、企業文化・風土を変革し、競争上の優位性を確立すること」（「DX推進ガイドライン」2018）とDXを定義している。

これを教育に置き換えると、どう言えるだろうか。「学校が社会環境の激しい変化に対応し、教育情報とデジタル技術を活用して、児童生徒や保護者のニーズを基に、学校の授業や行事を変革するとともに、業務そのものや、組織、プロセス、学校文化を変革し、教育の質の向上を確立すること」となる。すなわち、その取り組みが、2020年の1人1台端末の導入・整備を機に本格化したと言える。

授業に1人1台端末が導入され、クラウド環境と接続されることで、協働学習や校外・家庭における学習も可能になった。民間企業が教育データを使って新たな教材や指導方法を開発することもすでに準備に入っており、その波は教育界にも押し寄せてきている。そして、これは、好むと好まざるとにかかわらずやってくる大きな波である。

社会がデジタル化しているのならば、理科の授業もそれに乗ってやろう、その方が面白いことがある、というのが本書の基本的なスタンスである。すでに教壇に立っている先生方はもちろん、支援員や指導助手の役割を担う方々や、これから教師を目指している若い方々にとって参考になれば幸いである。

2023年7月　山口晃弘

②個別最適な学びの充実を図る活用例

③協働的な学びの充実を図る活用例

第1章

理科授業に欠かせない1人1台端末の活用

1 理科授業で1人1台端末を 活用するためのポイント

1 追い風の1人1台端末

「不易と流行」という言葉がある。1人1台端末（以下、端末）は、状況に応じて柔軟に変わっていく「流行」の最先端である。しかし、端末をクラウドに接続することで高い汎用性が実現されると、従来の学校がもっていた「不易」の部分にも端末が切り込んでくることとなった。

今日、DXの推進やICTの普及は間違いなく追い風を受けている。端末の活用は、その中にある。実際、教育界におけるDXやICTを取り巻く掛け声は勇ましいものがある。

- ●「この新たな教育の技術革新は、多様な子供たちを誰一人取り残すことのない公正に個別最適化された学びや創造性を育む学びにも寄与する」
- ●「1人1台端末環境は、もはや令和の時代における学校の『スタンダード』」
- ●「これまでの我が国の150年に及ぶ教育実践の蓄積の上に、最先端のICT教育を取り入れ、これまでの実践とICTとのベストミックスを図っていく」

上記は、2019年12月19日に発表された文科大臣からのメッセージ（GIGAスクール構想）に含まれる表現である。それを受け止める学校の実態はどうなのか。

新型コロナウィルスによる学校の休業に対する対応策の一つとして配備された端末は、2021年度でほぼ全国の学校現場に導入された。そこから、授業での活用が手探りで始まった。明確な活用方法が提示されたわけではない。むしろ、教師ごと、学校ごとの「一人歩き」から始まったと言える。その意味で、端末の活用はその時期の「流行」と捉えることもできるだろう。

それから2年、授業で使う教材＝道具として、端末の活用はめざましく発展してきた。その結果、劇的に変化し始めた授業の在り方を目の当たりにすると、「流行」という言葉にはあてはまらない大きなうねりを感じる。「端末がなくては、教育活動に支障が出る」というぐらい、授業をはじめとした様々な学校活動に浸透しているからである。

2 導入期から現在に至るまでの変遷と課題

（1）課題の多かった導入期

端末を導入した時期は、学校から、以下のような指摘を受けることが多かった。

① 回線速度が遅い。

② 誤った方向への活用が心配（個人情報漏洩や有害情報、いじめ等）。

③ 端末がそろわない（充電不足、忘れ物、故障等）。

④ 教師自身のスキル獲得が負担、そもそも具体的な活用方法が分からない。

　2年後の2023年現在、高速LANの整備、教師や生徒の意識向上や慣れによって、①②③の問題はかなり改善されてきた。完全に解消したというわけではないが、教師や生徒がそれらの問題に対応できるレベルになってきたと言える。

（2）端末活用に対する様々な受け止め方

　ただし④は、現在でも課題として残っている。さらに言えば、端末活用に向けて積極的な学校（と教師）と、消極的な学校（と教師）とで、明らかな差が生じてきているように感じる。「端末を活用した授業で確かな学力が身に付くのか」と心配するベテランの教師がいる。正直に「端末を活用した授業のやり方が分からない」と話す教師もいる。また、「端末にはむしろ弊害が多い」という自説を曲げない教師もいる。相変わらずのチョーク&トークの授業スタイルでノートを1冊ずつ点検・返却している教師はいる。

　たしかに、端末にはデメリットもいくつかある。充電不足や忘れ物で対応できなくなる生徒がいると、一斉授業がやりにくい。また、ノートやワークシートと異なり、教師や生徒の操作スキルが問題になる。あるいは、紙に鉛筆やペンで記入すること自体に学習効果がある、という意見さえ聞く。

（3）紙か端末か、場面に応じた判断を

　従来のワークシートやノートにしても、端末にしても、授業で使う教材の一つに過ぎない。それならば、どちらかの二択ではなく、どの場面で何を使うのかと判断する方が、前向きである。

　では、どの場合で端末を使うかを決めるのは誰なのか。教師なのか、生徒なのか。教師の指示でいずれかに決めるのではなく、生徒自身に決めさせたい。例えば、「ノート（ワークシート）に書いた人は写真に撮って提出、端末に記録した人はデータを提出してください」と指示すれば、教材を選ぶ主体は生徒になる。そういう指示を出すためには、教師の操作スキルの獲得が必要である。

　端末を活用して授業を進めると、個別最適化された学習が実現したり、見違えるほど協働的な生徒の姿が見られたりする。その様子を目の当たりにすると、少なくとも端末を指導できるスキルは身に付けた上で、授業場面に応じた指導方法を選択してほしい。

（4）スキルの獲得に役立つネット情報

　スキルの獲得には、身近な人に「習う」のが手っ取り早い。校内で聞ける人に、「どうすればできるのですか」と質問することから始めるのが近道である。

　また、餅は餅屋というように、ICTのことはICTで解決することもできる。知りたいことを

Webサイトで検索すれば、何らかの情報がヒットする。最近は、解説動画が見つかることも多い。

　言うまでもないが、文部科学省は、DXの推進やICTの普及に前向きである。GIGA（Global and Innovation Gateway for All）スクール構想の進展を図り、児童生徒に1人1台端末の利活用を推進するためのStuDX Style（スタディーエックス　スタイル）というWebサイトを立ち上げている。「GIGAスクール構想を浸透させ 学びを豊かに変革していくカタチ」と銘打ち、実践事例が多く取り上げられている。参考になるWebサイトの一つである。

3　学習指導要領における位置付け

　現行の中学校学習指導要領解説理科編の「2　内容の取扱いについての配慮事項」には、「(4)コンピュータや情報通信ネットワークなどの活用」の項目があり、以下のように示されている。

> (4)各分野の指導に当たっては、観察、実験の過程での情報の検索、実験、データの処理、実験の計測などにおいて、コンピュータや情報通信ネットワークなどを積極的かつ適切に活用するようにすること。

これを受け、端末の活用に踏み込んだ次のような記述もある。

> コンピュータや情報通信ネットワークなどについては、日常生活でも広く使われるようになっている。生徒が知ることができる対象を拡大し、生徒の思考を支援するために、観察、実験の過程での情報の検索、実験データの処理、実験の計測などにおいて必要に応じ効果的に活用できるよう配慮するとともに、観察、実験の代替としてではなく、自然を調べる活動を支援する有用な道具として位置付ける必要がある。（下線は筆者）

「観察、実験の過程」での「効果的な活用」だけでなく「自然を調べる活動を支援する有用な道具」として「位置付ける」よう求めている。導入以前の2017年に書かれたとは思えないぐらい、的確な指摘である。「観察、実験の代替としてではなく」という部分は、動画を見ることで、観察・実験を実施しないで済ますという傾向に警鐘を鳴らしているかのようである。

4　端末活用における3つの視点

　2023年現在、全国の学校で端末の活用が広がっている。理科の授業で端末が有効に働く場面が「観察、実験」をはじめ多様化していることが、実践を通して明らかになっている。「気付き」「課題の設定」「予想」「検証計画の立案」「結果の処理」「考察」など探究の過程のどの場面でも、自然事象に関する様々な情報や生徒の考えを表現、伝達、共有する道具として、端末が有効に働くことが分かってきた。端末を活用するメリットは次頁の図のように整理できる。

本書では、端末活用における3つの視点を以下のように設定している。

まずは「観察・実験の質を豊かにする活用例」である。理科らしい魅力的な事例がいくつもある。さらに、「個別最適な学びの充実を図る活用例」、「協働的な学びの充実を図る活用例」として、観察・実験以外の場面での実践事例を紹介する。中には、理科の枠にとどまらない事例もある。

1人1台端末を活用するメリット

- 一覧表示➡思考過程の可視化
  協働学習の推進
- 即時表示➡時間配分の効率化
- シームレス➡授業機会の拡大
- 個別最適化➡個別指導の機会の拡大
- 記録➡検索可能な学習履歴
- キーボード➡文字量の増加

視点1　観察・実験の質を豊かにする

自然事象はそれ自体が感動的に美しく、造形美を体現している。そういったことに自ら気付けるようにすると、生徒の観察に対する意欲は高まる。

理科の授業で「観察」しても、それだけで生徒の意欲が高まるわけではない。しかし、端末を使うと、実物を撮影した画像や動画を使って、より詳しい観察ができる。画像を拡大することで、花のつくりの細かいところなどへの気付きにつながる。観察対象が昆虫や水中の微小生物などの場合には、動画が有効である。画像や動画を使うと、実物をそのまま観察するよりも詳しく観察できることもある。

さらに、撮影した画像に文字を書き入れて気付きを表現するのは、授業支援アプリの初歩として実践しやすい。

いずれも「観察する」という一連の学習の質を高めることができるだろう。

また、理科室では、再現したり実験したりすることが困難な事象がある。例えば、複雑な相互関係から生じる食物連鎖や長大な時間の経過に伴う生物の進化、及び日常の経験を超えた時間と空間の中で生じる地質や天体の現象は、理科室内の限られた条件の中で再現することは難しい。また、実験で再現ができても、電子の流れとしての電流や、化学反応における原子や分子のふるまいを直接見ることはできない。このような自然事象は、可視化が困難であったり、仮説の検証が十分に行えなかったりすることがある。その際、表の作成、写真や動画やモデル、コンピュータ・シミュレーションが大いに役立つ。

視点2　個別最適な学びの充実を図る

「自己決定」と「自己調整」が個別最適な学びのポイントとなる。ここでは2年「原子・分子」の実践例を通して考えてみたい。この単元では、はじめて原子の初歩的な概念が導入される。その際、周期表を用いて、原子を表す記号があることや、原子には100あまりの種類が存在することなど、原子に関する基礎的な知識の定着は必須で、これらを身に付けるための授業を展開する。

元素記号を覚える方法はいくつもある。これまではプリントを印刷して、テストをするのが一

般的であった。できなかったら、再テストを行うこともある。このようなテストを端末を使って行うことは簡単である。授業支援アプリや汎用アプリのアンケート機能（Microsoft FormsやGoogle フォーム）を使うと、提出、採点、返却がリアルタイムで行える。教師側からすると、時間短縮になる。フィードバックの設定次第で、正答の場合は「たいへんよくできました」、誤答の場合には正答へのヒントや「教科書の〇〇ページを見てください」というアドバイスを伝えることができる。もちろん、正答そのものを示すこともできる。

　生徒側からすると、自分の都合に合わせて何度もでき、また、授業時間の枠を外れても取り組めるというメリットがある。端末を使って自学自習ができる。

　こう考えていくと、デジタルドリルでの基礎知識の習得から始まって、定期考査の自動採点化やコンピュータ調査（Computer Based Testing、以下CBT）などともつながり、評価と指導の一体化を図る上で、奥深い視点となる。評価に端末を活用することによって、教師と生徒の新たな関係を生み出すことになるだろう。

　最近の授業では、「次の時間までに調べておきなさい」「考察や振り返りは今日の19時までに提出しなさい」という指示も珍しくない。授業時間の枠を越えたシームレスな指導の実践が見られるようになってきている。

視点3　協働的な学びの充実を図る

　「相互啓発」が協働的な学びのポイントとなる。授業支援アプリを使うと、探究の過程で生まれる生徒の考えを、短時間に共有することができる。各々の考えを一斉に提出し、それを一覧表示すると、気付きや予想の傾向が明らかになり、観察・実験の写真や動画をもとに他者と話し合ったり、それを教室のスクリーンに投影して教室全体に展開したりすることも簡単にできる。

　ホワイトボードをクラウド上のデジタルシートに置き換え、そこに気付きや考察を書いて全体で共有したり、グループごとにデジタルシートをつくって話し合いの材料にしたりする実践も見かけるようになってきている。最近では、実験結果のデータをクラウド上のスプレッドシートに書き入れて、自動計算された平均値で考察するという実践も見かける。

　そのようなツールを使うと、自然事象に関する様々な情報や生徒の考えを可視化でき、考察が深まる。ツールには多くの種類があるため、その選択自体を生徒に任せるという実践事例も見かける。

5　道具としての有用性の向上

(1) 学習eポータルの導入でさらに広がる活用

　今後、窓口機能となる「学習eポータル」によって、デジタル教科書やデジタル教材など、様々な学習リソースと互換性をもつデータを一覧的に可視化して活用でき、生徒それぞれに合った学びや協働的な学びが進展していくだろう（図1）。

MEXCBT（メクビット） （文科省）	**学習者情報管理** （自治体）（学校設置者）	**デジタル 教科書** （教科書出版社）	**教育向け クラウド教材** （民間事業者）
「全国学力・学習状況調査」等のシステムや自動採点システムを含む	● 児童・生徒の学習履歴記録 ● 学校の校務支援システム	関連動画、各種デジタル教材、学習分析ツールなどを含む	

学習eポータル

各種教育向けクラウドサービスの入口として機能

SSO（シングルサインオン）

1つのアカウントで認証すれば、連携する他のクラウドサービスは認証作業なしにそのまま利用できる

1人1台端末

図1 学習eポータルを通した各種クラウド上のサービスとの連携

特に「学習eポータル」が普及すると、「SSO（シングルサインオン）」によって、児童生徒が一度ログインさえすれば、自分の端末の画面に教材やツールが並んでいるように見え、プラットフォームに連携するシステムやアプリはシームレスに使えるようになる。

また「学習eポータル」は「MEXBIT（メクビット）」とつながる。2024年以降の文科省の学力・学習状況調査は「MEXBIT」を使ったCBTとして、端末で行われる可能性がある。すでにPISAやTIMSSなどの国際調査はCBTに移行しているので、今後、学校の定期テストや単元テストにCBTを導入する可能性もあるだろう。

「学習eポータル」は自治体などの学校設置者のサーバーとつながり、児童生徒に関する様々なデータを記録・閲覧できるようになる。将来的には、活用できる教育のデジタル化が進み、児童生徒が自分の教育関連データのすべてを把握することが可能になる。

(2)端末活用の広がり

カメラでの撮影をはじめ、指導者用デジタル教科書の活用、NHK for Schoolのような動画サイトの活用、授業支援アプリを使って協働的な学習の充実を図ることは、どの学校でも一般的に行われている。

デジタルホワイトボードを使った効果的な協働学習、デジタルドリルを用いた個別最適化を目指す取り組みにも挑戦している学校は多い。

Web上には様々なアプリが登場しているが、セキュリティの関係で簡単にはイン

理科授業で1人1台端末を活用する場面

● 観察・実験の記録➡写真・動画の撮影
● 考えの文章化➡気付きや仮説の可視化
● 図を使ったモデル化➡考察の可視化
● シミュレーション➡自然事象に迫る
● デジタルホワイトボード➡協働的な学び
● デジタルドリル・Forms等のアンケート
　➡評価場面や個別指導の機会の拡大

ストールできないことが多い。そこで最近は、ブラウザベースのコンテンツも人気がある（図2）。

いずれにしても、直接体験やそれらに準ずる学習活動も含めて探究の過程のあらゆる場面に端末が役立つのは間違いない。

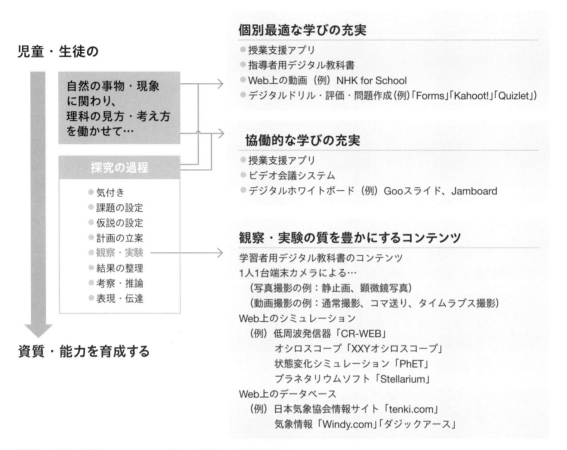

図2　理科授業における1人1台端末の活用場面

(3) リアルとオンラインの学びの共存

どの生徒も一見静かに端末に向かっているように見えても、実は様々な学習活動や生徒同士の情報交換が端末上で行われている場面がある。それは、教室の後ろから観察しているだけでは見えない。デジタルホワイトボードを使った協働の調べ学習でそのような状態になることがある。あるいは、課題を提示した後、教師の「早く書けた人は、友達がどんなことを書いているか調べてごらん」という指示でも促される。

授業支援アプリで、デジタルホワイトボードを全体に表示したり、個々に書かれたカードの学級全員分の即時表示をしたりすると、その途端に、それまで参観者にははっきり見えなかった個々の生徒の考えが可視化される。端末の活用によって、よりダイナミックな授業の構成が可能になっている。これらは、旧来のノートやワークシートに考えを書かせる従来の授業では、なか

なか実現できない。

　端末がクラウド環境でつながった学びの場（オンラインの情報通信がもつ機能）と、教室でのリアルな学びの場（従来の学校がもつ機能）とを、同時並行で存在させることができる。この2つの学びの場を、ハイブリッドで行き来しながら授業を進めるのが、今後の授業研究の大きな方向性となる。

(4) DX化の「波」に乗ってみよう!

　端末の効果的な利用、持続可能な活用方法を模索するにはまず手近なことから始めるとよいだろう。写真を撮って見せる、動画を見せる、というようなことからでよい。

　まず試す、そして試してみてよければ続ける。取り組んでさえいれば、スキルは追い付いてくる。そうしているうちに身に付いたもの、残ったものが、これからの授業の形になる。実感を伴う観察・実験を重視しつつ、理科の授業がより豊かになるように、端末の有効活用に挑戦してほしい。

　冒頭で述べたように、今日、DXの推進は始まっている。その波が教育界にも、確実に押し寄せてきている。そして、これは、好むと好まざるとにかかわらずやってくる大きな波である。

　社会がDX化しているのならば、理科の授業もそれに乗ってやろう、その方が面白いことがある、というのが、これからの理科授業を考える上での一つの方向性なのである。

1人1台端末の活用の流れは止まらない

スマホに代表される情報端末が社会活動に用いる道具の主流になっている

好むと好まざるとにかかわらず
やってくる大きな「波」のようなもの

↓ ならば…

「波」に乗ってみよう!
今まで以上に、よい授業が、簡単にできる!

無理なく始められる最初の授業例

はじめに

　生徒が端末を持つことになり、学校現場では「タブレット端末活用授業」とか「ICT活用授業」などというキーワードが飛び交うようになった。数年前までとは比べものにならないほどの速さで、端末の活用環境が整えられ、優れた活用事例もインターネットや書籍を中心に増加してきた。

　一方で、このような学校環境の変化に困惑し、端末の活用に二の足を踏んでいる教師が多いことも事実である。そのような教師の多くは、端末を「ものすごく高尚なこと」に使わなくてはいけないと思い込んでいるのではないだろうか。たしかに、世間で取り上げられる実践事例は「自作の授業用アプリを活用し…」とか「県外や海外の方と授業をつないで…」というような、奇抜で派手な様相のものが多いが、このような実践は活用事例のほんの一部にすぎない。もっと簡単に無理なくできる活用事例の方が圧倒的に多いのである。

　まずは、端末の活用についてのレッテルを「ものすごく高尚なこと」から「通俗なこと」に貼り替えてみてはどうだろうか。ここでは、「何だ、そんな使い方でもいいんだ」と思えるような事例を紹介する。

1　学習効果が同じなら端末を使ってみよう──教師のマインドセット

　「それくらいなら端末を使わなくてもできる」。これは、教師が端末の活用に踏み切れない理由としてよく用いる言葉である。たしかに、この言葉は一理ある。授業は端末の活用が目的ではなく生徒の学びが目的であるから、同様の学習効果が見込まれるのならば、わざわざ端末をそろえて活用するよりも、従来の授業方法の方が費用対効果は高い。しかし近年は、生徒が端末を当たり前に持っている時代である。同様の学習効果が見込まれるのならば、"あえて端末を使用してみる"のもよいのではないだろうか。もしかしたら、教師にとっても端末を使用することで新たな授業スタイルが身に付くかもしれないし、子どもの見取りの幅が広がるかもしれない。「それくらいなら端末を使ってみよう」。まずはこのような気持ちで始めてみてはいかがだろうか。

2　まずはここから始めてみよう──無理なく始める具体的な実践例

〔事例1〕動画や写真で観察・実験の記録を撮ってみよう

　観察・実験を抜きにして理科の授業は語れない。端末を使えば、観察物や実験の様子を動画や写真で記録できる（図1）。例えば、顕微鏡をのぞいて観察したヒトの頬の細胞を画像記録に残

したり（図2）、寒気と暖気のぶつかる様子を動画記録に残したり（図3）することができる。生徒自身が実際に観察、実験した様子をそのまま記録できるため、自分の体験と記録された画像等が結び付く点で大きな学習効果が期待できる。また、記録した動画や写真は、必要なときに何度も見返したり、仲間と共有したり、レポートに資料として貼り付けたりすることができる。生徒は撮影を通して、普段よりも対象物を詳しく観察したり、自分の実験方法を客観的に振り返ったりする。多くの生徒は撮影に慣れているので、教師が「自由に撮影してごらん」と声をかければ、教師も驚くような素晴らしい画像を撮るはずである。

図1　実験を撮影する様子

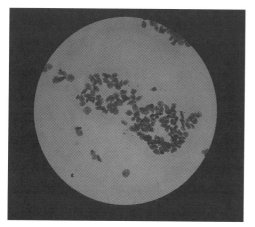

図2　生徒が撮影した顕微鏡観察画像

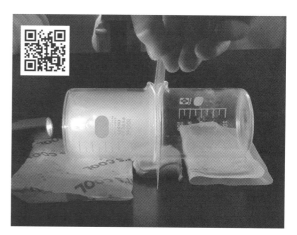

図3　生徒が撮影した実験動画

〔事例2〕写真に文字や図をかき込んでみよう

　撮影した画像を画像編集アプリなどで開けば、画像の上からかき込みをすることができる。観察物の特徴や観察して気付いたことをメモしたり（図4）、矢印などを描いて自分の考えを表現したり（図5）することができる。スケッチや模式図を描くことが苦手な生徒でも、具体的なイメージを表現できるため、大きな学習効果が期待できる。

　また、生徒が発表をする場面において、教室の大型スクリーンに画像を投影し、かき込みをしながら発表すると、周囲の生徒に考えが共有されやすい。従来、黒板に図示しながら発表をすることは行われていたが、その感覚で端末を用いて発表するのである。端末を用いた発表は、黒板での発表に比べて、具体的な画像の上から書き込みができる点や、画像拡大（ピンチアウト）で注目させたい部分を絞れる点で優れている。

　さらに、教師の解説や説明の場面でも画像へのかき込みは有効である。例えば、顕微鏡の使い

図4　画像にメモをする様子
　　（季節の違いによる
　　太陽の日周運動の比較）

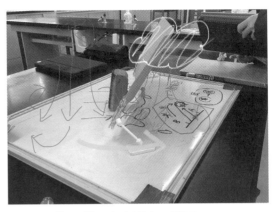

図5　画像に考えを表現する様子
　　（前線と雲のでき方）

方を説明する際に、顕微鏡の画像に各部分の名称をかき込みながら説明をすれば、生徒にとってはどの部分を示しているのか一目瞭然である。

〔事例3〕動画サイトで解説を

　インターネットのサイトには優れた教育用動画コンテンツがたくさんある。それらの動画の多くは1分から5分程度でまとめられており、端末を用いると授業時間内ですぐに確認できる。映像付きで説明がされるため、教師の口頭による説明よりも分かりやすい場合がある。中でも「NHK for

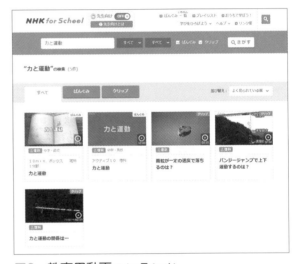

図6　教育用動画コンテンツ
　　（画像：NHK for School）

School」には数多くの良質な動画があるため、ここでは「NHK for School」を紹介する。

　「NHK for School」のホームページを開くと、検索ボックスがあらわれる。そこへ授業内容に応じたワードを入力する。図6は「力と運動」というワードを入力した様子である。5件の動画が抽出されたので、この中から授業内容に適した動画を選択し、授業で活用する。

　ただし、動画の内容によっては授業展開上不都合なものや、授業内容に合致していないものなどがあるので、教師が事前に動画内容と再生時間を確認しておくことをおすすめする。

　また、動画の使用は「調べ学習」にも有効である。書籍やインターネットの文字情報よりも、動画の視覚・音声情報の方が生徒にとって分かりやすいことが多い。調べ学習のコンテンツとして有効に活用してほしい。

〔事例4〕「スライド作成アプリ」でノート記録をとってみよう

　端末の「スライド作成アプリ」を使えば、そのままノート代わりになる。スライド1ページをノート1ページとして考え、授業が進むにつれてスライドのページ数が増えていくイメージである。画像を貼り付けたり、前後のスライドを入れ替えたり、レイアウトが後から自由にできたりする点で、紙のノートよりも優れている。

　アプリには「Keynote」「PowerPoint」「Google スライド」など様々なものがあるが、どのアプリも「ページに文字を打ち込める」「ページに画像を貼り付けられる」「矢印などの記号を挿入できる」など、授業用ノートとして使用するための機能は変わらない。ここでは、「Google スライド」を例に紹介する（図7）。

①授業の開始時

　その日の授業の最初のページに日付を入力させる。後から見返したときに授業の区切りが分かるようにするためである。なお、日付などの文字はテキストボックス内に入力するので、テキストボックスを移動させることで後からレイアウトし直せる。

②授業中

　「授業の課題」「自分の考え」「気付いたこと」などを入力する。それぞれ異なるテキストボックスを用いれば、レイアウトしやすくなる。また、「実験の様子」「観察物」などを撮影し、画像をページ内に簡単に貼り付けることもできる。実験の模式図などを書く時間が省け、子どもの観察・実験時間を生み出すことにもつながる。なお、表やグラフなどを挿入することもできるが、操作が複雑と感じる生徒には表やグラフをかいた紙のノートを撮影させ、スライドに貼り付けさせるとよい。

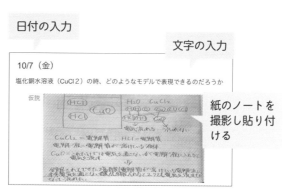

日付の入力

文字の入力

10/7（金）

塩化銅水溶液（CuCl2）の時、どのようなモデルで表現できるのだろうか

紙のノートを撮影し貼り付ける

スライド1ページ目

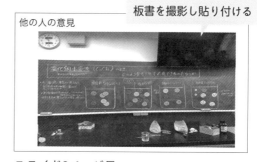

板書を撮影し貼り付ける

他の人の意見

スライド2ページ目

図7　スライドのノート利用の例

③授業の終盤

　板書を撮影し、スライドに貼り付ける。生徒は授業中に板書を書き写す必要がないため、授業内容に集中することができる。

④授業後

　その日の授業で書いたテキストボックスや、貼り付けた画像などをレイアウトする。大きさや色などが簡単に変えられるため、短時間でレイアウトができる。また、レイアウトを考えるためには、生徒がその日の授業を思い出す必要があるため、授業の振り返りにもなる。

3 記録を評価につなげよう——端末の活用に慣れたら

　端末を使うと、生徒の授業記録がどんどん増える。それらの記録を評価に生かしてみよう。従来は大量のノートを回収し、次の日の授業でノートを返却するということをしていたが、デジタルデータならばデータのやりとりだけで済む。生徒にとっては提出しても、手元にデータは残るため、その日のうちの復習が可能になる。教師はデータを返却する必要がないため、落ち着いて生徒の評価を行い、授業に生かすことができる。このようにデジタルの授業記録は生徒、教師双方にとってメリットが大きい。

　また、教師があらかじめ「デジタルの振り返り用紙」を作成しておけば、ポートフォリオのように授業記録を残すことができる。図8の例は、生徒を多面的に見取るために非常に綿密に作成された「デジタルの振り返り用紙」であるが、振り返り用紙の形式はこの限りではない。形式は生徒と授業の実態に合わせて柔軟に変えてよい。例えば、文書作成アプリや表計算アプリで、生徒が「日付」と「振り返り」を書けるような表として作っておく程度でも十分である。

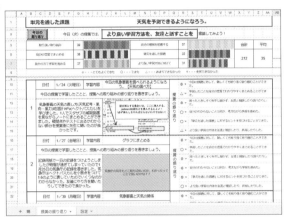

図8　「デジタルの振り返り用紙」の例
　　　（藤田一克先生の実践より）

　生徒は授業が終わるたびに振り返りを表に書き込み、データで提出する。単元の終了時には、これまでの学習の軌跡が端的な表として記録されているため、形成的評価や総括的評価に生かしやすい。また、生徒にとっても自分自身がどのように学んできたか把握しやすい。

4 操作が得意な生徒を生かそう——教師の負担感を減らすために

　教師の端末活用の負担感を減らすコツは、生徒の端末操作をすべて教師が管理しようと思わないことである。むしろ、端末操作が得意な生徒を上手に生かしたい。例えば「実験を大型スクリーンに投影し、みんなに実況中継してほしい」と声をかければ、得意げになって協力してくれる生徒が出てくるはずである（図9）。「だれか、全天の日周運動をうまくイメージできる動画やシミュレーションアプリなどを紹介してくれ

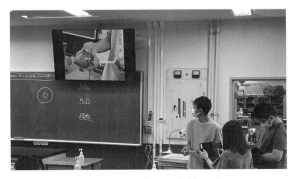

図9　カメラ係を引き受ける生徒たち

ないか」と発すれば、教師も知らなかった面白い動画やアプリを見つけ出してくれるはずである。教師が肩の力を抜いて、端末活用が得意な生徒を頼ってみることも大切なことではないだろうか。

5 教師のワクワクをそのまま授業に─活用スキルを高めるために

　教師が端末を触り始めると、意外な面白さに気付く。「へー、こんな便利な機能があるんだ」「こんな面白いアプリがあるのか」など、端末やアプリには思わず感嘆の声をもらしてしまうような機能が満載である。それは生徒も同じはずである。教師がワクワクする端末の活用法は、そのまま授業における生徒のワクワク感につながる。まずは教師が楽しみながら端末に触れることで、授業での端末の活用スキルはどんどん向上していくと考えられる。

コラム　生徒による「端末の不適切利用」は端末のせい?

　私の先輩に、「端末利用は意味がない」という考えをお持ちの方がいる。理由を聞けば、「生徒による端末の不適切利用によって授業が成り立たない」というのである。その先輩が端末を活用した授業では、授業中に関係のないサイトを見ている、オンライン上で友達と個人的なやりとりをしている、コメント機能などで仲間に不適切なメッセージを送る、という生徒がいたようだ。皆さんにも思い当たるものがあるのではないだろうか。

　しかし、このような生徒の行動の原因は本当に「端末」にあるのだろうか。もしそうであるならば、端末がなかった時代にはそのような生徒はいなかったことになる。自分自身が生徒だった頃を思い出してほしい。授業中にノートに落書きをするなど関係のないことをしたり、不適切なメッセージを書いた小さなメモを授業中に回したりした経験は少なからずあるだろう。要するに、現在の生徒にとって落書きがサイト閲覧になり、メモ交換がオンラインで行われていたりするだけで、本質的には昔と何も変わっていないのである。当時、「落書きができるノートは意味がない」とか「不適切なメッセージが書ける鉛筆は意味がない」などと言って、ノートや鉛筆を使わなかった教師はいないはずである。

　現代ではノートや鉛筆が端末になっただけである。端末に問題があるのではなく「使い方」に問題があるのだ。物の正しい「使い方」を生徒に教えることは、教師として当然すべきことである。4月の授業開きの際に、授業規律について生徒に話をする方は多いと思う。その際に端末利用について触れてみるだけで、生徒の行動はずいぶん改善されるはずである。

　私の先輩は端末活用に期待をしすぎたのかもしれない。端末に対して「教師が何も言わなくても生徒が学びに没頭できるすばらしいものだ」という幻想を抱いていたのかもしれない。端末は、所詮は道具である。道具である以上、適切な使い方、不適切な使い方が存在する。端末が浸透していなかったこれまでもそうだったように、私たち教師は「使い方」と「授業での学び」をセットにして子どもたちに伝えていく必要がある。1人1台端末の時代においては、「デジタルシティズンシップ」や「情報モラル」などを授業の中で育まなければいけないのである。

　端末には機能や情報があふれている。端末の適切な使い方を学んだ生徒は、学びに向かって自由に突き進むことができる。そのような授業ができると思うと、教師としてワクワクしてこないだろうか。

よくあるトラブルとその対応例

はじめに

　現在、筆者の勤務校では端末の利用は授業中に限られている。放課後や休み時間は教員の許可が必要で、持ち帰りも許可されていない。そのような状況でも、学校全体で生徒が端末に触れる機会を多く確保できるよう取り組んでいる。例えば、端末を活用して振り返りをしたり、小テストや話し合いを行ったりしている。

　筆者の授業では、生徒が端末を使いたいときに使えるようにしている。観察・実験をするときを含めて、基本的に毎時間生徒が端末を準備している。最近は、動画を撮影して、結果の分析に活用する場面が増えている。校庭や校外などの野外観察では、端末が長時間の直射日光や校庭の砂ぼこりなどの影響を受けないよう注意している。

　また、授業中、自由に検索したり、学習支援アプリの情報共有や意見交流をしたりする場面もあるが、学習にふさわしくない無秩序な状態につながりかねない。実際、授業中に起きた小さなトラブルが発展して、混乱が大きくなることもあった。端末のルールを示すだけでは、適切な活用にならないことを実感した。

　そういった失敗から、生徒が端末を適切に活用するためには、授業の中でも端末の活用方法や、失敗してしまったときの対処方法を考えさせたり確認させたりするように努めている。特に意見共有の際は、誰かが軽い気持ちで流した不適切な内容が学級全体に公開され、トラブルになることもあるため、投稿する前に一度立ち止まり、冷静に内容を見直すよう促している。

1　トラブルの現状

　小学校1年から中学校3年の子供がいる保護者と教員を対象に実施したトレンドマイクロ株式会社の調査、「GIGAスクールにおけるセキュリティ実態調査2021」[*1]によると、保護者の22.0%、教員の38.5%が、「1人1台端末の利用において、子どもがサイバー犯罪やネット利用等に関するトラブルを経験した」と回答している。

教員・保護者への調査：1人1台端末の利用において、子どもがサイバー犯罪やネット利用等に関するトラブルを経験したと回答した割合（%）

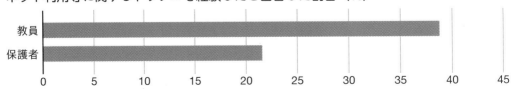

教員への調査：「GIGAスクール構想」で配備された1人1台端末の利用において、
あなたの児童生徒は次のような経験をしたことはありますか？（%）（複数回答）

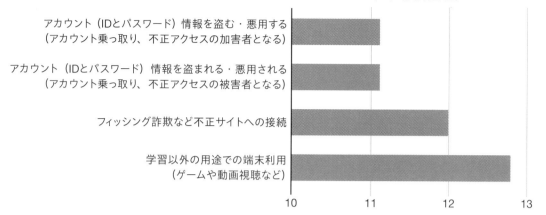

教員の回答では、主なトラブルの内容は「学習以外の用途での端末利用（ゲームや動画視聴など）」が12.8%、「フィッシング詐欺など不正サイトへの接続」が12.0%、「アカウント乗っ取り、不正アクセスの被害者となる」と「アカウント乗っ取り、不正アクセスの加害者となる」がともに11.1%であった。

もっとも、筆者の勤務校では、「学習以外の用途での端末利用」で注意をした生徒がいる程度で、実害のある事例は発生していない。それは、自治体による学校を横断するような広い対応と、校内で独自に作成しているルールの影響が大きいと考えられる。

2 自治体でのセキュリティの設定

トラブルの未然防止のため、筆者の地区の小中学校では、端末で不適切なサイトの閲覧ができないようにフィルターが導入されている。フィルターによってTikTokなどの動画アプリやInstagramやTwitterなどの

図1　不適切サイトの閲覧ブロック画面

SNSアプリも閲覧ができないようになっている。仮に不適切なサイトに間違ってアクセスしてしまっても、図1のような画面が表示され、サイトがブロックされる。

しかし、次のような課題もある。

（1）設定されているフィルターを通過してしまうアプリ等がある（Scrachで公開されているゲームや、PacmanDoodleなどのGoogleのアプリゲーム）。

（2）設定されているフィルターを外す方法が紹介されているサイトがある。

（3）端末を家庭に持ち帰って、家庭のWi-fiに接続して使用する場合、フィルターが外れてしまう。

上記のような課題はセキュリティを強化して改善するというより、端末の校内ルールの運用によって補完していくことになる。

　調べ学習などでは、検索したサイトの閲覧がブロックされ、情報収集できないこともある。ブロックを解くには、そのサイトの閲覧の許可を教育委員会に申し出る必要がある。同様に、新規アプリのインストールも教育委員会への申し出が必要である。

3　校内ルールの運用

　生徒が安心して端末を使用できるようなルールを設けることは、学校のみならず家庭でも必要だろう。実際に、どの学校や家庭でもルールを設けているはずである。しかし、先述の調査で紹介したような課題が上位に挙がるのは、ルールを設定する際に生徒の意見を十分に反映できていないからなのではないかと考える。次の（1）～（3）は、ルールを作る際に留意することである。

（1）ルールを運用する目的は、適切に判断し行動する力を養うためであり、端末を活用した際に起こるトラブルを防ぐためだけではない。

（2）大人が一方的に作ったルールを生徒に示すだけでは、ルールの意味や必要性の理解が不十分になることがある。ルールを作る際は、全校生徒が端末の使用に関して主体的に、その利便性や影響について議論しながら、ルールの内容を考える場面をつくる。

（3）生徒が端末を使用するのは、学校だけではなく、社会でも適切かつ効果的に活用するためである。そういったことを踏まえると、ルールは社会生活でも生きる内容である必要がある。例えば人に迷惑をかけたり嫌がられたりするような使い方をしない。法律を守る。課題解決や、物事の創造のために、積極的に活用するといった内容である。社会生活でも生きる内容を軸に、生徒の意見や実態を反映させて、学校の状況に応じたルールの内容を作成する。

　生徒が主体的にルールの設定を行い、自分が端末を使用している姿の見通しをもてるよう、教師は生徒の伴走者として助言する必要がある。

4　トラブルへの指導

　端末の使用におけるルールを運用しても、トラブルは起こりうる。トラブルを厄介ごととして、画一的・一方的な指導を行うのではなく、生徒の成長の機会と捉え、生徒が前向きに今後の学習に生かせるような指導を行いたい。また、指導する際は、生徒一人一人の背景にも目を向けた上で、トラブルが起こった経緯や原因を生徒と一緒に振り返りながら、今後の活用について見通しをもてるように支援していく。

　また、起こりうるトラブルの中には、端末に何らかの不具合が起きて活用できないことも多く

ある。充電ができていなかったり、不具合が生じたりして使用できない場合もあるので、あらかじめ代替用プリントか予備機を使用できるように対応している。想定できるトラブルに関しては、事前の準備を徹底し、想定できないトラブルへの対応により多くの時間を使えるようにしたい。

5 ルールを運用する際の評価

ルールを定めてから一定時間が経過すると、ルールの内容が生徒の実態にそぐわなくなることも考えられる。特に同じようなトラブルが発生する場合は、新たな取り組みを行ったり、ルールの内容を見直したりする必要が生じるだろう。

スムーズにルールを運用するために、以下（1）～（3）の内容を取り決めておく必要がある。

(1) ルールをもとに適切に行動できているかを把握する方法を決めておく。例えば、端末を活用したアンケート等を定期的に行うなど。
(2) ルールが守られなかったときの対応を明確にしておく。例えば、学級や代表委員の協議会等を開催して全校で対応することを伝えるなど。
(3) ルールを見直す際の基準を決めておく。例えば、類似したトラブルが何件発生したらルールを見直すなど。

端末の使用に限らないが、ルールには、適切に評価し改善するといったPDCAサイクルが欠かせないと考える。

6 保護者との連携

生徒が学校の内外を問わず、適切に端末を活用するためには、保護者が学校の端末や情報機器に対する取り組みに理解を深め、学校と同一歩調で生徒の成長を支援することが重要である。学校は保護者の理解を得られるように、端末を使用する目的や使い方を共有した上で、家庭でのルールを作成する際の考え方や手順を示す。

また、筆者が所属する学校でも今後家庭への持ち帰りが可能になりうることを考えると、家庭内はもちろん、登下校時に予想されるトラブルや、その対処方法を保護者と一緒に考えていく機会の設定も重要になってくる。しかし、あくまで家庭でのトラブルは保護者の責任であるということも同時に伝えていく必要があるだろう。

＊1　トレンドマイクロ株式会社「GIGAスクールにおけるセキュリティ実態調査2021」(令和3年7月)
https://www.trendmicro.com/ja_jp/about/press-release/2021/pr-20210729-01.html

第2章

理科授業における1人1台端末の活用例

エネルギー

ブラウザで操作する
オシロスコープによる音の観察

教材　　XXYオシロスコープ
https://dood.al/oscilloscope/

　ナリカ 低周波発振器CR-WEB
https://www.rika.com/cr-web/

1 この授業で大切にしたいこと

　「身の回りの現象」は目に見えない物理現象を中学校で初めて扱う単元であり、様々な方法で可視化することで、その現象を捉えていく。中学校学習指導要領解説理科編によれば、音の学習では「オシロスコープやコンピュータなどを用いて、音を波形で表示させ、音の大小と振幅、音の高低と振動数が関連することを見いだして理解させる」とある。音の小単元ではただ教科書の知識を理解したり、演示で見せたりするだけにとどまらず、生徒自身が工夫しながら音を可視化する中で、音の現象を理解させていきたい。

2 使用する教材

XXY Oscilloscope

　XXY Oscilloscope（図1）はWebサイトであり、ブラウザ上で動作するのでダウンロードの必要がない。また、実際のオシロスコープの設定には複雑さを伴うが、このXXY Oscilloscopeは少ない操作で端末のマイクを接続し、すぐに周囲の音を可視化することができる。また教師が決めた設定をURLで共有することができるため、生徒が細かい設定を操作することなくすぐに使える。波形を静止させることもできるので、スクリーンショットを撮って画像を共有することも容易である。

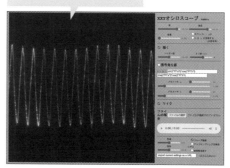

A「クリックして開始」

図1　XXY Oscilloscope

低周波発振器CR-WEB

　「低周波発振器CR-WEB」（図3）は株式会社ナリカが公開しているWebサイトの一つで、誰でも使用が可能である。アプリのつくりがシンプルで、5.0〜20000.0HZを0.1Hz刻み（正弦波のみ）で発信することができる。また、正弦波だけでなく、短形波、ノコギリ波、三角波を使用可能。音の干渉や、うなりの実験、弦の定常実験、水波投影実験、共鳴実験、クント管などの低周波発振器としても使用できる。

3 使用の手順

XXY Oscilloscopeの設定　※以下、文中の【 】内は自動翻訳された場合の表示

① 二次元コードからサイトを開く。

② 表示画面［CLICK TO START］【クリックして開始】（図1・A）をクリック。

③ 下の図2のように設定を行い、生徒にURLを配付する。

[Gain]：振幅の大きさを調整〔推奨：＋3.00〕

[Audio volume]：スピーカーの出力音量〔推奨：マイク使用時0〕

C [Trigger value]：波形がずれるときに前後させ調整〔推奨：＋0.00〕※次の音で＋0.00に戻す

B [MICROPHONE]にチェック：マイクからの入力を設定

[Persistence]：波形の残像をどれだけ残すかの設定〔推奨：−1.00〕

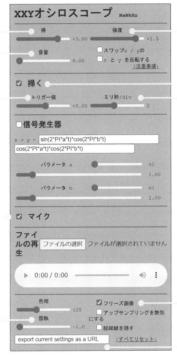

[Intensity]：明るさの強度を調整〔推奨：＋1.50〕

[SWEEP]にチェック：電位（音の振幅）を時間に対して振り波形を表示（無音の場合は一本の線が表示される）

[Milliseconds/div]：画面の1目盛り当たりの時間〔推奨：2（1〜4）〕

D [Freeze image]：チェックで波の動きを止め、静止画にする。

[export current settings as a URL]：クリックすると設定が保存され、表示されたURLで配付が可能になる。

図2　XXY Oscilloscope
操作パネル（自動翻訳済）
と設定

XXY Oscilloscope の生徒の実験手順

※他の生徒の音の影響を減らすため外部接続のマイクがあると実験がしやすい。

①配付されたURLからXXYオシロスコープを立ち上げる。

②表示画面［CLICK TO START］【クリックして開始】（図1・A）をクリック。

③［MICROPHONE］【マイク】（図2・B）にチェックし、マイクからの入力を設定する。

④音をマイクでとり、連続した綺麗な波形がみられるように［Trigger value］【トリガー値】（図2・C）を調整　※次の音に変えるときは＋0.00に戻す。

⑤［Freeze image］【フリーズ画像】（図2・D）にチェックを入れ、きれいな静止画のスクリーンショットが撮れたら、プリントに貼り付ける。

低周波発振器CR-WEBの実験手順 ※音を出すときにはイヤホン等を使うと他の生徒の実験への影響が少ない。

詳しい使い方：https://www.rika.com/wp-content/uploads/2023/02/manual-crweb.pdf

①周波数を選択。

②この部分でも調整可。

③音を出したいスピーカーをON。

④音量を調整（音を聴きながら少しずつレベルを上げる）。波形の選択は正弦波から始める。

⑥位相変換は使用しない。

⑦設定を記録し、呼び出しができる。

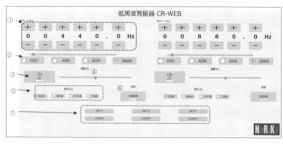

図3　低周波発振器

4　授業の流れ

(1)指導計画

音はものが振動することによって生じ、空気中などを伝わること及び音の高さや大きさは発音体の振動の仕方に関係することを見いだして理解できるようにする。

「音の性質」（全4時間）

時間	小項目	内容
1	音を出す物体	音源の振動 音の伝わり方（クント管）
1	音の伝わり方	クラス実験 「音の速さの測定」
2	音の大きさと高さ	モノコードを用いた生徒実験 音の大きさと高さ【本時】 波形の生徒実験

(2)本時の展開

生徒自身がオシロスコープを使って、音の大きさや高さと振動の関係を説明するために波形を記録し、レポートにまとめる。

第4時「音の大きさと高さ」

時間	生徒の学習活動	教師の指導・支援	学びの形態
5分	1 音の要素を確認する。 2 課題を把握する。	実際に音を出し音の大小、高低についての違いを確認する。	学級
	課題：オシロスコープを使って、音の大きさや高さと振動の関係を調べよう。		
20分	3 ソフトの使い方を確認し、波形と音の関係を掴む。 「XXY oscilloscope」 「低周波発振器CR-WEB」	URLまたは二次元コードを示す。電子黒板に提示しながら説明。波形と音の大小、高低の関係を見せて、その関係性に気付かせる。	1人 グループ
	4 実際に音を出しながら音と振動の関係を調べ、音の大小、高低についてそれぞれ波形の静止画を記録する。	低周波発振器だけでなく音叉やモノコードなどの器具を用意する。また、声で調べたり、生徒にも事前に音源を準備させたりしてもよい。	「XXY oscilloscope」 「低周波発振器CR-WEB」
10分	5 個人で音の説明書をつくる（図4）。	音の大小、高低等について波形の静止画を使ってまとめる。	1人
5分	6 音の大きさや高さと振動の関係についてまとめる。	デジタルホワイトボードで学級全体に情報共有する。	学級 Jamboard
5分	7 振り返り		1人 フォーム

5 観察・実験の質を豊かにするために

(1)個別の自由試行が可能に

　オシロスコープや低周波発振器は、教師の演示用に1台というのが一般的であった。教科書には簡易の実験装置を班分用意するという実験が取り上げられているが、費用も掛かるため、実践できる学校は限られていた。しかし、端末が1人1台配備された今、各自が大小・高低の音を自由試行することが可能である。様々な音を試す中から、高い音では波長が短く、低い音では波長が長いことや、大きな音だと振幅が大きく、小さな音だと振幅が小さいことを見いだすことができるだろう。条件制御について考え、比較したいものだけを変化させるということが指導のポイントである。また、発展内容として、同じ高さの音でも音源によって波形が違うことに気付くこともできるだろう。

(2)波形の可視化とその画像の活用

　実験した音の波形のスクリーンショットを撮って保存し、自分のレポートに実験結果として反映させることができる。図4のようにレポートのフォーマットを事前に配付しておけば実験結果をまとめやすい。また、画像をクラスメイトと共有し、比較することも容易である。

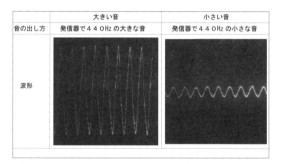
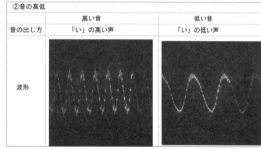

図4　レポートのまとめ方の例

エネルギー

端末を活用した
実験結果の処理の工夫

教材　①Google Classroom
　　　②Google スプレッドシート

1　この授業で大切にしたいこと

　本単元の学習では、日常生活の中で見られる物体の様々な運動の観察を通して、運動の変化の様子を物体に働く力と関連付けて考える活動を繰り返し、その規則性を見いだしていくことを大切にしたい。そのために、運動の様子を記録タイマーで記録したテープから単位時間当たりの移動距離を読み取り、結果を表やグラフを用いて分析して解釈することを通して、「時間と速さ」の関係の規則性を見いだすようにする。

2　使用する教材

　これまでは記録タイマーで記録したテープをワークシートに貼付していたが、Google スプレッドシート（以下、スプレッドシート）を使ってデータ入力することで、グラフを作成することができる。

　スプレッドシートは、ソフトのダウンロードなどの特別な手続きは不要で、Google アカウントをもっていれば、利用が可能である。

3　使用の手順

①ブラウザとしてGoogle Chrome を使用している場合は、「アプリ」から Googleドライブにアクセスし、画面左上の「＋新規」ボタンを押して「Google スプレッドシート」を選択し、新しいシートを立ち上げる（Google Chrome以外のブラウザを使用している場合は、「スプレッドシート」を検索するなどして、新しいシートを立ち上げる）。

②シート内に、必要なフォーマットを作成する。
本事例では、次の2種類を作成した（図1）。

■表

●時間

●テープの長さ（生徒が入力する枠）

●速さ

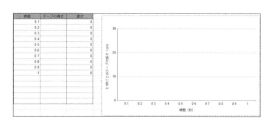

図1　シート内に表とグラフを作成

■グラフ

③Google Classroom（以下、Class-room）に課題を作成し、②で作成したシートを添付する。

※テープの長さを入力すると自動的に速さが算出できるよう、関数を入力しておく。

個人ごとにグラフを作成できるように

※表の体裁やグラフの追加・軸の設定などの編集は、PCブラウザ版で行う必要がある。

するために、添付ファイル右にあるプルダウンメニューから「各生徒にコピーを作成」を選ぶ。（図2）

④課題を割り当てた上で、授業を開始する。

⑤記録タイマーで運動を記録した後、各生徒は自分の端末から Classroom を立ち上げ、提示されている課題から入力用のスプレッドシートを開く。

⑥表の「テープの長さ」のセルに、0.1秒ごとのテープの長さを入力すると、入力した値を反映したグラフが表示される（図3）。

⑦グラフを使って、考察を進めていく。

図2　Classroomでコピーを配付

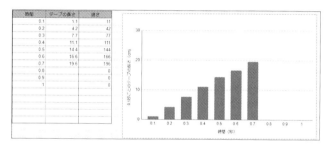

図3　表に入力すると、グラフに反映される

4 授業の流れ

(1)指導計画

　この単元では、日常生活における物体の様々な運動について、物体に働く力と物体の運動の様子、物体に力が働くときの運動と働かないときの運動についての規則性を見いだして理解することが目標である。そのために、様々な運動の様子を記録タイマーで記録したテープから単位時間当たりの移動距離を読み取り、結果を表やグラフを用いて分析して解釈することを繰り返し、運動の規則性を見いだせるように指導計画を設定する。

「運動の規則性」（全9時）

時間	内容
3	物体が落下する運動から、働く力と運動の様子について、仮説を設定する。
	記録タイマーの使い方を習得する。
	物体が落下する運動を調べ、物体の速さの変化と働く力の関係について規則性を見いだす。
2	物体が落下する角度を変えた場合、物体の速さの変化のしかたがどう変わるかを調べ、速さの変化と働く力の関係について規則性を見いだす。【本時】
1	運動の向きと逆向きに力が働くときの運動を調べ、速さの変化と働く力の関係について、規則性を見いだす。
2	斜面を下りた後の台車の運動を調べ、速さの変化と働く力の関係について、規則性を見いだす。 物体に力が働かないとき、物体は同じ運動状態を続けようとする性質があることを理解する。
1	物体に力を加えたときに自分も物体から力を受けることを見つける。

(2)本時の展開

　運動方向に働く力が変えた運動の様子を予想して実験を行い、加える力が大きいほど速さの変わり方も大きいことを理解する。

　生徒自身が手元にある端末を操作し、実験結果をデータ入力することで、グラフ化する処理を行う。

第4・5時「落下する角度が変わると、速さの変化のしかたがどう変わるか調べる」

生徒の学習活動	教師の指導・支援	学びの形態
1 既習事項を確認する。	前時までに学習した内容を確認し、本時に活用しやすくする。	学級
2 課題を把握する。	演示実験を行い、課題意識をもたせる。	学級
課題：落下する角度が変わると、速さの変化のしかたがどう変わるか調べてみよう		
3 仮説を設定する。	デジタルホワイトボードで個人の意見を学級全体に情報共有する。	1人 ミライシード
4 実験を行う。	個人ごとに斜面の角度を変えた台車の落下運動を記録タイマーで記録させる。	グループ
5 結果を処理する（図4）。	個人ごとの端末から Classroom を立ち上げ、個人ごとのスプレッドシートを取り出させ、実験結果のデータ入力を行わせる。	グループ スプレッドシート
6 考察する。	作成したデータを分析させ、仮説の妥当性を検証させる。	グループ スプレッドシート
7 まとめ	学級全体で考察を共有し、運動の規則性を見いださせる。	学級
8 振り返り		1人

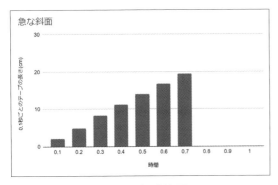
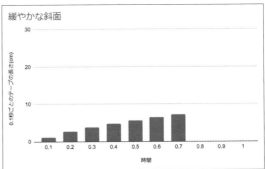

図4　グラフ化された実験結果

　これまでは、記録タイマーで記録したテープを0.1秒など一定間隔でテープを切り取り、グラフ用紙に貼り付け、結果の処理を行っていた。この流れをデータ処理に置き換えることで、テープを切り取ったり、糊付けしたりするなどの手間を簡略化することができる。本時のように斜面

の角度を変えて速さの変化を見比べる場合では、作成した2つのグラフを横並びにすることで、グラフの傾き具合を比較することができ、速さの変化について考察しやすくなる。

5 観察・実験を豊かにするために

(1)結果の処理が容易に

　本事例は、実験データの処理を容易に行うための方法である。データ入力へと置き換えたことによって、手作業で行うよりも作業時間を短縮させることができるため、その後の考察やまとめの時間をより充実させることが期待できる。また、打点を記録したテープを一定間隔で切り取る場合、一度にすべてのテープを切ってしまうことでテープの順番が分からなくなってしまうケースがあるが、本事例だとテープを切る必要がなくなるため、このような混乱を起こす可能性が大幅に減る。

(2)データ処理の意義を理解する

　本実践は、実験データの処理の支援である。このようなツールを効果的に使用するためには、一定の打点間隔でテープを区切る意義やそれに伴って作成されるグラフが何を意味しているものなのかなど、データを処理するまでの過程について、あらかじめ一定の理解をしておくべきである。

　そのためにも、本単元の第2時では記録タイマーの使い方を習得するために、記録テープを一定の打点間隔で切り取り、グラフを作成する作業を事前にやっておく必要があると考える。その中で、記録タイマーで記録することは、物体の運動の規則性を調べるための有用な方法の一つであること、記録したテープから単位時間当たりの移動距離を読み取ったり、一定間隔で切り取った記録テープを並べてグラフにしたりすることで、運動の規則性が見いだせることを把握しておくことで、データ処理にICTを活用することの有用性がより実感できるようになるだろう。

(3)デジタルデータの有用性

　デジタルデータを作成すると、記録テープの長さを入力することで「0.1秒ごとのテープの長さ」だけでなく、目的に応じたグラフを容易に変換することが可能となる。そのため、様々なグラフを作成することで、あらゆる面から運動の様子を考察する時間を十分に確保することもできるようになる。

3

実験の見える化
—違いが生まれる原因の発見—

教材　端末のカメラ機能

1　この授業で大切にしたいこと

　理科ではいずれの単元においても、生徒が自ら自然現象に対する気付きをもつことから始めたい。しかしながら日常生活の中で常に気付きをもっている生徒は少ない。また、教科書の実験はよい結果や誤差の小さな結果が出るように、細かな条件が決められている。生徒はその条件の意図が分からず、実験を不自然なもの、複雑なものに感じているのではないだろうか。

　そこで、単元の導入にあたる本事例では、課題を解決する方法を自由に考えることで、生徒が自ら気付きをもつ機会となることを大切にしたい。

　その際、端末を活用することで、各グループで生まれた多様な解決方法の集約と共有を即時に行う。また、端末によって実験方法を動画で撮影できる利点を生かし、実験操作の過程にも注目させることを心がけたい。

2　使用する教材

　全グループが必ず使用するものは、ばねばかりと端末のみである。本実験ではデジタルのばねばかりを使用した。その他、理科室にある道具は教員の許可があれば何でも使用してよいこととする。生徒に馴染みのない滑車は、あらかじめ教卓など生徒の目に触れやすい場所に用意する。

　本事例では、端末のカメラ機能を使用する。多くの生徒が操作方法を知っており、使い方の指導をする必要はほとんどない。最も授業に導入しやすい端末教材であると言える。ただし、授業中に生徒同士が目的以外の用途で撮影し合うことがないよう、使用する端末は各グループに1台のみにするなど、使用前にはルールづくりが必要である。

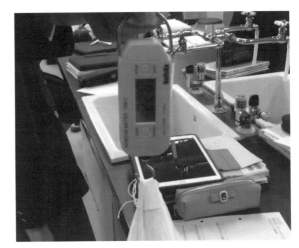

図1　デジタルのばねばかりで測る様子

図2　定滑車

図3　反対側に
質量のより
大きな物体を
下げる

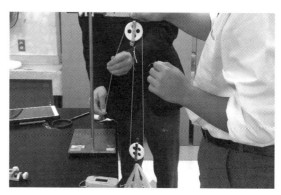

図4　定滑車と動滑車

図5　坂の上を滑らせる

図6　ほうきでてこの原理

3　使用の手順

(1)指導計画

　道具を使った仕事についての実験を行い、道具を使っても使わなくても、仕事の量は変わらないこと（仕事の原理）を理解できるようにする。ただし道具によって、仕事をするのにかかる時間は異なることから、仕事率についても考えることができるようにする。

(2)本時の展開

　「仕事とエネルギー」の導入として、どのような道具をどのように使って荷物を上げるかを各グループで自由に考え、実験する。グループによって実験方法が異なることから、実験を動画撮影し、それをテレビに接続して発表し合うことで各グループの実験方法と結果を比較する。

「仕事とエネルギー」（全5時間）

時間	小項目	内容
1	仕事	生徒実験「道具を使って荷物を運ぶ方法の比較検討」【本時】
2		生徒実験「道具を使った仕事」
1	仕事の量	仕事の原理
1	仕事の能率	仕事率の計算

第1時「道具を使って荷物を運ぶ方法の比較検討」

時間	生徒の学習活動	教師の指導・支援	学びの形態
5分	1 課題を把握する。	パワーポイントを使って様々な荷物を運ぶ場面を想起させる。	学級
	課題：道具を使って、道具を使わない時よりも楽に荷物を上げる方法を考えよう		
		①理科室にある道具を使う ②道具を使わないときよりも楽にする ③ばねばかりで必要な力の大きさを測る 以上3点を条件として提示する。	
15分	2 各グループで道具を選択し、荷物を上げる実験をする。 ●実験の操作を端末で動画撮影する。	悩んでいるグループには端末を用いて、荷物を上げる道具をインターネット検索させ、ヒントとする。	グループ カメラ
5分	3 撮影した動画を流しながら、全体に発表する。	●道具を使うことで「楽になった点」と「楽にならなかった点」を発表させる。 ●聞くときは他のグループとの共通点や相違点に着目させる。	学級 カメラ
10分	4 発表を通して出てきた新たな課題に取り組む。		グループ
	新たな課題：引く角度が変わると、引くために必要な力の大きさは変わるだろうか。		
5分	5 振り返り		1人

4 観察・実験の質を豊かにするために

(1) 簡潔な指示で、生徒の自由試行を促す

　生徒に提示した条件は、①理科室にある道具を使うこと、②道具を使わないときよりも楽にすること、②ばねばかりで荷物を上げる力の大きさを測ること、の3つである。特に②の条件では「道具を使わないときよりも力の大きさを小さくする」などとせず、「楽にする」と簡潔に伝えることで、実験方法の選択肢の幅を広げている。例えば定滑車を利用したグループは、力の大きさがほとんど変わらないことに気付くが、荷物を上に引き上げるよりも、下に引き下げる方が「楽」だと感じ、それについて発表した。また、「楽」という言葉から坂を利用したり、てこの原理を思いついたりしたグループもあった。

　最初は実験方法が分からないグループもあったが、まわりのグループを見て真似をしたりして、最後まで何もできなかったグループはなかった。自由試行の中に生徒同士の学び合いもあると言える。

(2) 実験方法の記録はカメラで撮影

　本事例のように実験で自由試行をさせる場合、実験方法の記録は、ワークシートに記入するよりも端末のカメラで撮影する方が優れている。記入に時間をとられることなく、何度でも実験をやり直すことができるからである。また、自分のグループの実験方法を客観的に見ることができ、説明に不十分な点がないか、誰もが納得する実験方法になっているかを考えることもできる。

（3）操作の過程にも注目

　自由試行とは言え、本事例では図2のように1個の定滑車を利用したグループが多かった。そのすべてのグループが、定滑車では力の大きさがほとんど変わらないことに気付いた。しかしお互いの発表を聞くと、操作方法は同じであるのに、定滑車を利用したときの数値に違いがあることに疑問をもった生徒がいた。それはなぜなのかを生徒に問い返したところ、操作方法の動画を見比べた（図7）。生徒から「引く角度が違う」との気付きが出た。そして「引く角度によって力の大きさが変化するのか」を検証する追加実験を行う展開となった。その結果、斜めに引くと必要な力の大きさが大きくなることを発見し、このような違いが各グループでの結果の違いを生むことを実感することができた。また、次時に教科書通りの実験をする際には、引く角度に注意する生徒が多くなった。

　このように、操作の過程に注目させることで得られる新たな気付きもある。ワークシートだけの実験では気付くことができない発見を、端末が可能にしたと言える。

図7　引く角度の違い（左：斜めに引いている　右：垂直に引いている）

1年／状態変化

状態変化を粒子の運動で表すシミュレーション

教材 コロラド大学　PhET
https://phet.colorado.edu/ja/

1　この授業で大切にしたいこと

　状態変化を粒子で捉えることは難しい。粒子そのものは、目には見えないからである。本授業では、まず目に見えるエタノールの気化などの現象を実物で示し、それを粒子モデル化する。その際、温度を変化させながら物質が状態変化する様子を可視化させることで、粒子のふるまいを通して状態変化を捉えることができる。また、状態変化における体積変化と質量保存にも気付けるようにする。

2　使用する教材

　「PhET」はコロラド大学ボルダー校が無料で公開しているシミュレーション教材である。「物理」「化学」「数学」「地球科学」「生物」のカテゴリーがある。

　新規アプリの導入には制限がかかることも多く、専用アプリをインストールする必要がないブラウザベースの「PhET」は使いやすい。

3　使用の手順

①ブラウザでURLを指定するか、「コロラド大学　実験」「PhET」などでキーワード検索するとヒットする。本実践では、「化学」➡「一般化学」にある「物質の三態：ベーシック」を選択する。

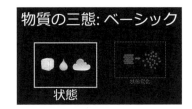

図1　選択画面

②「状態」か「状態変化」の選択画面になる（図1）。本実践では「状態」を選択する。

③起動直後は、物質を入れた圧力容器が画面の中央に示され、「ネオン」が水色の粒子として100個ほど積み重なり、固体の様子を示している（図2）。

④画面の右上の「原子と分子」の枠内（図2・A）に「ネオン」「アルゴン」「酸素」「水」という4種類の物質名が示されている。ここをマウスで選択すると、容器内の物質の種類が変わる。

⑤画面の左上は温度計（図2・B）で、初期値は絶対温度表示（単位K）であるが、プルダウン

メニューで摂氏温度表示（単位℃）に変更できる。

⑥圧力容器内の温度は2通りの方法で変更できる。オレンジ色の固体・液体・気体のアイコン（図2・C）をマウスで選択するか、圧力容器下部のスイッチ（図2・D）をマウスで動かして、熱したり冷やしたりできる。

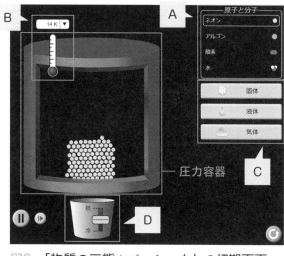

図2　「物質の三態：ベーシック」の初期画面

4 授業の流れ

(1)指導計画

　物質の状態変化についての観察・実験を行い、状態変化によって物質の体積は変化するが、質量は変化しないことを理解できるようにする。

　本時では粒子モデルを使って、生徒自身がそのことを具体的に説明する。

「状態変化」（全6時間）

時間	小項目	内容
2	状態変化と熱	状態変化と質量・体積 生徒実験「ろうの加熱」
1		状態変化と粒子の運動【本時】 演示実験「エタノールの気化」
1	物質の 融点と沸点	状態変化と温度
2		生徒実験「赤ワインの蒸留」

(2)本時の展開

　生徒自身が手元の端末を操作し、温度変化をシミュレートすることで、エタノールの状態変化の様子を調べる。

第3時「状態変化と粒子の運動」

時間	生徒の学習活動	教師の指導・支援	学びの形態
5分	1 課題を把握する。	実物で演示実験をする。	学級
	課題：エタノールの状態変化を粒子のモデルで説明してみよう		
15分	2「PhET」を使い、 端末で調べる。	URLまたは二次元コードを示す。	1人 PhET
20分	4 気付いたことをグループごとに 情報共有する。	「固体」「液体」「気体」「その他」に 分けて、まとめる。	グループ
5分	5 グループごとにまとめる。	デジタルホワイトボードで 学級全体に情報共有する。	学級 Jamboard
5分	6 振り返り		1人 フォーム

粒子モデルが表す物質の状態変化について、気付いたことをグループ内で、相互に発表する。その後、シンキングツールを使い、気付いたことを分類する（図3）。その際、固体・液体・気体・その他で色分けすると見やすい。

固体・液体・気体に共通する気付きは、状態変化時の質量保存と体積変化に関して

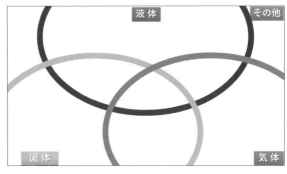

図3　シンキングツール

示す内容となる（図4）。授業の終末でそれを共有化し、まとめとする。

提出されたカードの位置を変えながら、まとめていくと分かりやすい。

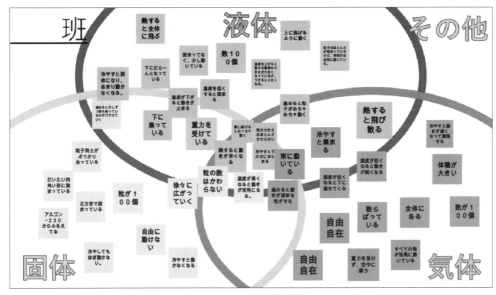

図4　デジタルホワイトボードで整理した気付き[*1]

5　観察・実験の質を豊かにするために

(1) 自由試行的な操作

このシミュレーション教材は観察・実験の代替としてではなく、観察・実験を支援する有用な道具として位置付けたい。演示実験だけでは理解しにくい粒子という概念や、そのふるまいについて、生徒の理解を助ける働きが期待できる。エタノールの気化などの現象や水が凍って氷になったり、沸騰して水蒸気になったりする現象と関連付けて授業を進める。

教科書には粒子の模式図が、デジタル教科書やNHK for Schoolには粒子が動く様子の動画があるが、同じ現象をシミュレーションにすると任意の温度での動的な変化の様子が再現でき、状態変化をより実際に近いモデルで捉えることができる。教師の解説資料として使う場合も、教科

書の模式図やネット上の動画よりも、自由に操作できるシミュレーションの方が優れている。

(2) 分子式の形で表すことのできるリアルな粒子モデル

「PhET」の「状態変化」で取り扱っている粒子のうち、ネオンとアルゴンは単原子分子、酸素や水は原子を組み合わせた分子である。原子や分子は未履習なので、本事例では単原子分子のネオンまたはアルゴンをあらかじめ選択するのが分かりやすい。

「PhET」は分子の形が丁寧に表現されている。例えば、固体は全体としては決まった形になっているが、その場で穏やかに振動し、熱運動を表している。温度を上げると、粒子の動きが激しくなり、粒子がきちんと積み重なっていられず、バラバラになって液体になる様子を示すことができる。

あえて水に変更する手もあるだろう（図5）。液体の表面から単独の粒子が飛び出す蒸発の現象や、水より氷の方が大きい体積となる現象も観察することができる。よりリアルな氷・水・水蒸気の粒子のふるまいを生徒に示し、そこに気付かせても面白い。

ただし、これらの現象の裏付けとなる粒子の熱運動や水分子の水素結合等の概念は、中学校1年では未履修であるため、補足の説明が必要となる。

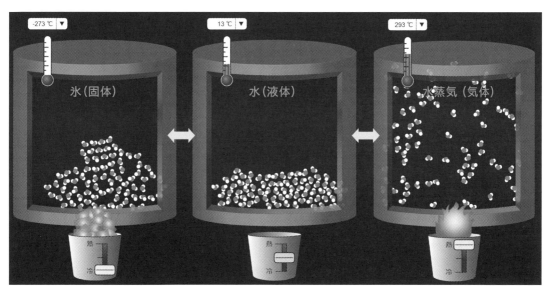

図5　水を選択したときの固体、液体、気体の様子

註
＊1　藤本博之氏（東京都足立区立竹の塚中学校）の授業実践例
コロラド大学　PhET：https://phet.colorado.edu/ja/Simulation by PhET Interactive Simulations, University of Colorado Boulder, licensed under CC-BY-4.0 (https://phet.colorado.edu).

ワイヤレスセンサーを使って
見えない変化を観察しよう

教材　島津理化「SPARKvue」
https://shimadzu-rika.co.jp/products/download/
computer/sparkvue.html

1　この授業で大切にしたいこと

　この単元では、中学3年間の理科実験を通して初めて温度の継時変化を観察する。各教科書には観察の結果をグラフ化する手順があるが、1分〜2分間隔の温度測定では観察しにくい変化もある。特に「蒸留」の実験において、温度上昇が鈍化する変化が観察しにくく、実際に生徒がグラフを作成すると、教科書通りのグラフにならないという課題がある。「ワイヤレスセンサー付き温度計」や「データロガー」などを利用したコンピューター測定をすることで、端末の画面に作成されていくグラフを見ながら実験を行うことができるため、1〜2分間隔での温度測定では気付くことのできないわずかな変化を観察することできる。このわずかな変化を生徒の気付きにすることで、生徒の深い学びの一助としていきたい。

2　使用する教材

　各教材会社より、様々なタイプのデータロガーやワイヤレスセンサーが販売されているが、大まかには以下のように分類される。

(1) データロガー+センサー

　データを収集・表示・分析できるデータロガーに、目的に応じたセンサーを取り付けることで使用する。温度センサーやpHセンサー、圧力センサー等を付け替えれば、様々な数値を測定することができる。ナリカから販売されている「EASYSENSE」やヤガミから販売されている「理科実験ロガー」などがある。いずれもワイヤレスセンサーに比べて高価（1台5万円前後）であるが、演示実験用に一台あるとセンサーを付け替えることで様々な計測ができるため便利である。

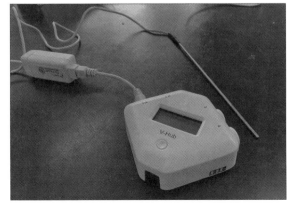

図1　データロガー（手前）＋センサー（左奥）

(2) ワイヤレスセンサー

温度計やpHメーターに通信装置が搭載されているため、データロガーのようにコード等が邪魔にならずに視野が確保でき、生徒実験においては便利である。島津理化から販売されている「PASCO」やナリカから販売されている「EASYSENSE」などがあり、データロガーに比べると比較的購入しやすい価格（1台2万円台から）である。計測する値ごとにセンサーが必要になるが、温度センサーだけでも

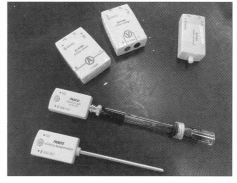

図2　各種ワイヤレスセンサー

グループ分が用意できると、様々な実験の幅を広げるだけでなく、生徒の観察の視点を深めることができる。

(3) アプリ

いずれの装置においても専用アプリを端末にダウンロードする必要がある。この項では、ワイヤレスセンサー「PASCO」とその専用アプリ「SPARKvue」を紹介する。　なお、「SPARKvue」は島津理化のホームページから、iPad、Android、Chromebook用は無料、PC用は体験版（60日）がダウンロード可能である。アプリを起動した際に英語表記であった場合は、以下の手順で言語の変更ができる。

①起動画面左上の3本線（Main menu）アイコンを押す。

②上から6番目の（Choose Language）を押し、日本語を選択する。

③変更後、アプリを再起動する。

3　使用の手順

①アプリを起動すると、図3のようなメニュー画面が表示されるので、「センサデータ」を選択し、ワイヤレスセンサーの電源を入れる。

②図4のように画面左側に電源を入れたワイヤレスセンサーの識別番号が表示されるので、それ

図3　SPARKvueのメニュー画面

図4　SPARKvueのセンサー・グラフ選択画面

を選択する。

③図4右側の「テンプレート」にグラフな
　ど様々な表示の仕方が提示されるので、
　自分の必要なものを選択する。

④図5のようなメイン画面が表示される。

⑤メイン画面の「開始」アイコンを押すと
　測定、グラフ作成が始まる。

⑥別の測定をする場合は、メイン画面の左
　上にある3本線の「メインメニュー」ア
　イコン（A）を押し「新しい実験を始め

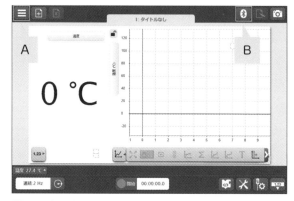

図5　SPARKvueのメイン画面

る」を選択する。また、別のセンサーを追加で接続したい場合はセンサーの電源を入れてメイン画面右上の「Bluetooth」アイコン（B）を押せば簡単に接続できる。

4　授業の流れ

(1)指導計画

　状態変化による質量、体積の変化につい
て実験をした後に、その結果を用いて状態
変化と粒子の運動について考える。その知
識を基に、状態変化と温度との関係性や物
質の融点と沸点について学習する。沸点を
利用した分離法として「蒸留」の実験を行
う。その際に、分離した液体の分析だけで

「状態変化」（全7時間）

時間	小項目	内容
2	状態変化と熱	状態変化と質量・体積 生徒実験「ろうの加熱」
1		状態変化と粒子の運動 演示実験「エタノールの気化」
1	物質の融点と沸点	状態変化と温度
2		生徒実験「赤ワインの蒸留」
1		生徒実験「赤ワインの蒸留（温度変化の観察）」【本時】

なく、温度変化の特徴についても観察、考察することで、既習事項である粒子の運動の考え方を活用して蒸留の実験を捉えられるように指導していく。

(2)本時の展開

　前時に行った蒸留の実験について、ワイヤレス温度センサーを利用して、温度変化を観察することで、蒸留における温度変化の特徴を調べる。

　実験では図6のようにワイヤレス温度センサーを取り付けて使用する。アルコール温度計をワイヤレス温度センサーに変えるだけなので、特別な器具は必要なく、従来の蒸留用の装置で実験が行える。蒸留の実験において、準備が大変であるのがゴム栓をコルクボーラーで開ける操作であるが、センサー部の太さがアルコール温度計とほぼ同じであるので、これまでのゴム栓を利用することができる。

　実験中は、アプリ上で図7のようなグラフが観察できる。80℃付近になるまでは、急速に温度上昇が起こるが、従来の1〜2分間隔での測定では、温度が上がり始めて1、2回くらいの測

第7時「温度変化の観察」

時間	生徒の学習活動	教師の指導・支援	学びの形態
5分	課題を把握し、予想する。	前時の結果や物質の沸点を基に、予想するように促す。	学級
	課題：蒸留中の温度変化にはどのよう特徴があるだろうか。		
25分	ワイヤレス温度センサーと端末を用いて、継続的温度測定をしながら蒸留の実験を行う。	机間指導しながら、ワイヤレス温度センサーと端末を接続するための支援を行う。	グループ ワイヤレス温度センサー SPARKvue
15分	● 前時、本時の結果を基に、課題に対する自分の意見を考える。 ● グループで意見を共有した後、自分の意見を再構成する。	机間指導しながら、グラフの傾きが変化している部分に着目するように促す。	1人 ↓ グループ ↓ 1人
5分	振り返り		1人 Forms

定で80℃付近になってしまうため、書いたグラフの正確性については課題がある。一方、図7のようにリアルタイムで測定されたグラフからは、80℃になるまで（150秒付近）は、急速に温度上昇が起こっていることが観察できる。また、グラフの230秒〜260秒あたりの時間帯において、一度温度変化が横ばいになっている場所があること、それ以降はほぼ一定間隔で温度が上昇していくことが観察できる。250秒付近の温度が約86℃であることに着目すると、この実験では86℃付近でアルコールが状態変化して気体になっていることを考察することができる。このことは、従来の1分〜2分間隔の温度測定の結果をもとに作成したグラフだけでは考察することは難しい。

このように、正確な温度測定がリアルタイムで行えることで、生徒の新たな気付きを育むことにもつながっている。

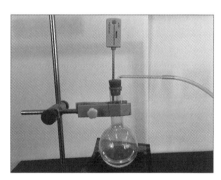

図6　ワイヤレスセンサーを
用いた蒸留の実験装置

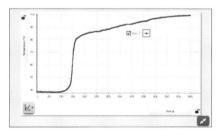

図7　ワイヤレスセンサーを使った
蒸留中の温度変化の結果

5　観察・実験の質を豊かにするために

(1) 生徒自身がいつでも使える環境に

ワイヤレス温度センサーは、従来のアルコール温度計の代わりとして、温度測定を行う実験では常に利用できる器具である。2年「化学変化と熱」などの継続的な温度測定を行う実験がある単元では、蒸留実験と同様に、生徒の新たな気付きを育む一助となるだろう。

しかし、ワイヤレスセンサーは、特定の実験だけの特別な器具ではなく、生徒が調べたいと感じたときに、いつでも、どの実験においても使用できる状態にしてこそ真価を発揮すると考える。実際に本校においても、ワイヤレス温度センサーの保管されている場所を生徒に示し、各グループの必要に応じて使用できるようにしている。そのため、温度測定の必要がない実験においても、生徒が主体的にワイヤレス温度センサーを利用している場面があり、自分たちで主体的に調べた新たな気付きを考察に生かしていることもある。

(2)記録データをレポートに活用

ワイヤレスセンサーで測定したデータは、アプリ内に保存することができる。測定を終了する際に、3本線の「メインメニュー」アイコン（図5・A）から保存をしておくと、そのデータを使って、様々なグラフ処理や統計処理をアプリ上で行うことができるため、生徒自身が分析を行うことが可能である。保存されているデータは以下の手順で処理を行うことができる。

①図3のメインメニューから「保存したデータを開く」を選択する。

②これまでの測定データから表示するデータを選択する。

③グラフの左下にあるアイコン（図8・C）を押すと、様々な処理ができる。

図8では、図7のグラフの2点（154秒、486秒付近）のデータ（秒、温度、傾き）を表示してある。また、310秒付近のように、Ｘ軸とＹ軸（秒と温度）のデータを表示して、軸を移動させながらデータを見ていくこともできる。その他、近似直線の表示や処理等もできるため、様々な分析が可能である。また、処理したデータは右上のカメラボタン（図8・D）でスナップショット

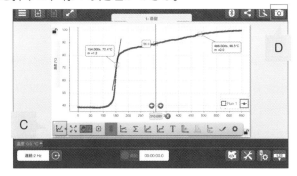

図8　データ処理したグラフ

を撮影することで、生徒の実験レポートにも活用できる。リアルタイムでの測定で終わらずに、データ分析の仕方を自ら学んでいくことで、実験データの活用についても広い視野をもつことが期待できる。

(3)温度変化以外にも使える効果的な場面

温度変化以外にも、リアルタイムでの数値の測定やグラフの作成が効果的な実験がある。いくつかの例を紹介する。

①データロガーとpHセンサーを用いた中和滴定

中和の実験において、酸とアルカリを混ぜても中性にならないことがある。データロガーで

pHを測定しながら中和点付近のpHの値を測定することで、図9のようなグラフが作成される様子を観察できる。pHジャンプ（pHが急激に変化する）を演示することができるため、一滴の違いによるpHの変化を見せることができる。Webカメラと組み合わせることで、色変化とpH変化を同時に見せることもできる。実際に実験を行うと、一瞬の色変化とともにグラフが急激に立ち上がる様子が観察できる。見た目にも分かりやすく、pHの急激な変化と指示薬の色変化を関連付けた考察に結び付けやすい。

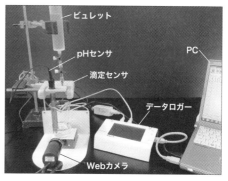

図9　データロガー、センサーを
　　　利用した中和の実験装置の例

②データロガーと湿度センサーを用いた蒸散量の測定

植物の蒸散を調べる実験では、植物の葉にポリ袋をかぶせて一晩置くことで、ポリ袋に水滴がつくことを観察し、呼吸による水の作成を見いだす。しかし、実際に呼吸量が多くなるのが夜であるため、リアルタイムでの観察はできず、生徒にとってはブラックボックス的な実験である。湿度センサーを利用

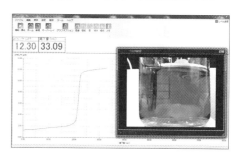

図10　測定されたグラフと
　　　水溶液の色変化

し、1日の湿度の経時変化を測定すると、蒸散量（湿度）の変化を観察することができる。昼と夜の差を明確に観察することができるだけでなく、夜の間でも湿度の差があることが分かり、蒸散が起こりやすい時間や環境などを考察することもできる。

③酸素センサーを使った酸化実験

2年「化学変化と熱」において、ほとんどの教科書に「携帯用カイロ」の発熱実験が掲載されている。この実験の発展実験として、集気びんと水槽を用いて、カイロ中の鉄の酸化とともに水位が上昇する実験が紹介されている。この実験では、「反応に酸素が使われている」という結果を、「水位が上がる」→「集気びんの中の気圧が下がる（気体の量が減る）」→「酸素が消費された」というような段階的な思考をすることで見いだすことができる。直接、酸素量を測定しているわけではないので、実感がわきにくい実験でもある。また、携帯用カイロの中身を袋から取り出したり、酸素で満たした空間で行ったりするなど、実生活で携帯用カイロを使う状況とはかけ離れた状態で実験するので、生徒が原理を理解しにくいという課題もある。

ワイヤレス酸素センサーを用いることで、携帯用カイロの袋を開けたり、容器を酸素で満たしたりする必要もなく、「酸素センサー」「携帯用カイロ」「ポリ袋」だけで、簡易的に実験が行える。ワイヤレス温度センサーも用いることで、温度の上昇とともに酸素が減少していく様子も観察でき、生徒の実感を伴った実験となる。

その他、各社から販売されているワイヤレス酸素センサーには専用のボトルが付属されていて、それを使って光合成や呼吸による酸素量の変動も観察することも可能である。

6

1年／物質の融点と沸点

粒子

探究的な学習における
グループごとに異なる実験の共有化

教材　ロイロノート・スクール

1　この授業で大切にしたいこと

　この授業では、赤ワインなどの混合物からエタノールを分離する実験を扱うが、端末の活用によって探究的な学習にすることができる。教科書では「物質のどのような性質を利用すれば、赤ワインからエタノールを取り出すことができるだろうか」という問いに対して、水とエタノールにおける沸点の違いに着目して学習が進む。しかし、授業をしてみると生徒はこれまでに身に付けた知識を活用して、沸点の他に融点や密度の違いにも着目する。このような生徒の実態を踏まえ、沸点のみならず物質の様々な性質に着目することで、赤ワインからエタノールを取り出す方法をより深く探究する学習を展開することができる。グループごとに異なる実験を行っても、端末の活用によって情報を他のグループと共有することができるため、限られた時間内に学級全体で1つの事象についてより深く探究することが可能である。

2　使用する教材

(1)使用するアプリについて

　本事例では、ロイロノート・スクール（以下、ロイロノート）のアンケート機能と情報共有機能を使用している。ロイロノートでなくても、この目的が達成できるアプリ[1]であれば何でもよい。

(2)実験内容について

　教科書では沸点に着目した実験だけを行っているが、本事例では生徒が沸点・融点・密度のいずれかの性質を選択して仮説を設定するため、3種類の実験を取り扱う。

　物質の沸点の違いを利用する実験は、教科書に記載されている通りの実験を行う。

　物質の融点の違いを利用する実験は、柚木（2015）が開発した-25℃まで冷却できる寒剤（エタノール20g、食塩30g、氷100g）を使用する。寒剤が入った100mLビーカーに10%エタノール水溶液が入った小試験管を入れると、数分後に水溶液が凝固する[2]。

　物質の密度の違いを利用する実験は、手動遠心分離機を使用する[3]。

3 授業の流れ

　物質は融点や沸点を境に状態が変化することを知るとともに、混合物を加熱する実験を行い、沸点の違いによって物質の分離ができることを見いだすことがこの授業の目標である。

第1〜3時「赤ワインからエタノールを分離する実験」

時間	小項目	学習内容	学びの形態
50分	生徒実験「赤ワインからエタノールを分離する」【仮説の設定、実験計画の立案】	● 水とエタノールの性質の違いを見いだす。 ● どの性質を利用するとよいか個人で仮説を立てる。 ● グループごとに実験計画を立案する。	学級 1人　学級 ロイロノート グループ
50分	【実験の実施、結果の処理、考察・推論】	● グループごとに観察・実験を実施し、結果を確認する。 ● グループごとに考察をする。	グループ ロイロノート
50分	【考察・推論、表現・伝達】	学級全体で情報を共有し、学習内容をまとめる。	学級　グループ ロイロノート

第1時

　はじめに赤ワインに水とエタノールが含まれていることを確認した後、教科書等を使用してそれぞれの性質の違いを確認する（表1）。次に、どの性質を利用すると赤ワインからエタノールを取り出すことができるか、根拠をもって仮説を設定する。沸点・融点・密度のどの性質を選択したか、ロイロノートのアンケート機能を使用して学級全体の傾向を把握する（図1）。その性質を選択した根拠を学級全体で共有する中で、最終的に選択する性質を変える生徒も出てくる[*4]。最終的に選択した性質が同じ生徒同士を集め教師主導でグループをつくる[*5]。

第2時

　前時に立案した実験計画に基づき、班ごとに実験を実施し、結果の処理、考察をする。その際、端末を活用して、実験の様子を画像や動画で記録し（図2）、3時間目に向けて発表資料を作成する。

第3時

　作成した発表資料を使用して学級全体で情報共有をして、学習内容をまとめた。情報共有の場面では、発表資料をスクリーンに投影することに加え、ロイロノートの提出箱の共有機能を活用することで生徒の端

表1　水とエタノールの性質

	水	エタノール
沸点 [℃]	100	78
融点 [℃]	0	-115
度 [g/cm³]	1.00	0.79

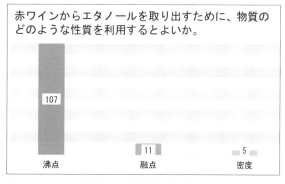

赤ワインからエタノールを取り出すために、物質のどのような性質を利用するとよいか。

107　沸点　　11　融点　　5　密度

図1　生徒が選択した性質（3学級分）

末上で他のグループが作成した発表資料を見ることができるようにした（図3）。

ロイロノートの提出箱や生徒発表機能を活用することで、当該時間に発表している生徒の発表資料（図4〜6）が学級の生徒一人一人の端末上に必ず表示されることに加え、強調したいポイントなどを操作した内容がリアルタイムで個々の端末に反映される。

図2　実験の様子を撮影した動画の一部

図3　生徒の端末に表示される他のグループが作成した発表資料の一覧

赤ワインを加熱して蒸留によって取り出した液体にマッチの火を近づけたところ、液体が燃えた。赤ワインから取り出した液体には可燃性があることがわかった。
このことから、赤ワインからエタノールを取り出すことができたと考えられる。

図4　沸点を選択したグループの
　　　発表資料の一部

赤ワインを寒剤で冷やしたところ、エタノールの融点は−114℃なのに、−12℃で赤ワインすべてが凍ってしまった。
少し手で温めて、はじめに融けた液体にマッチの火を近づけたが、燃えなかった。
これらのことから、赤ワインからエタノールを取り出すことができなかったといえる。

図5　融点を選択したグループの
　　　発表資料の一部

> 手動遠心分離機で赤ワインを１０分間分離させようとしたが、見た目に変化は起こらなかった。
> １０分間分離させた後の液体の上澄み液にマッチの火を近づけても燃えなかった。
> これらのことから、赤ワインからエタノールを分離させることはできなかった。

> どうして沸点だけ赤ワインからエタノールを取り出すことができるのか不思議に思った。
> 沸点だけが予想通りの結果となったが、融点や密度の実験が予想通りとならなかった理由が知りたい。

図6　密度を選択したグループの発表資料の一部

4　観察・実験を豊かにするために

視覚的な情報の共有により、複数の実験が可能に

　赤ワインからエタノールを分離する実験では、沸点の違いを利用することは言うまでもない。しかし、融点や密度を利用してもいいのではないかと思っている生徒がいることも事実である。赤ワインからエタノールを分離するという1つの実験に対して、物質の様々な性質に着目しながら、あらゆる可能性を探究したい。しかし、1授業時間で複数の実験を行うことは難しい。そこで、端末が大いに役立つ。実験の様子を記録して学級全体で共有することができるため、自分が行えなかった他のグループが実施した実験の様子を、実感をもって理解できる。学級の中で複数の実験が同時進行することは難しく感じるかもしれないが、実際にやってみると意外と簡単に実践することができるのでおすすめしたい。

参考文献
柚木朋也（2015）「「寒剤」に関する一考察」『北海道教育大学紀要　教育科学編』Vol.66, No.1, 149-160.
註
＊1　例えば、学校でWindowsノートパソコンを使用している場合、アンケート機能ではMicrosoft Formsを使用、情報の共有化ではOne Drive上に班ごとの情報を保存し共有できるように設定することなどが考えられる。
＊2　寒剤を入れたビーカーに触れて凍傷を負うことのないように、生徒には必ず手袋を着用させる。
＊3　手動遠心分離機は、Amazon等において1万円代から購入することができる。電動遠心分離機も販売されているが、手動の方が体感的に理解することができておすすめである。
＊4　仮説を変更する理由として、学級全体で1つの物事についてより深い知見を得るためという理由も挙げられた。本校の生徒の実態として沸点の違いを利用する実験を既に知っている生徒が多く、図1のような結果となる。しかし、沸点に着目した実験のみを行っていては、融点や密度に関する知見を得ることができなくなってしまう。この状況を避けるために、最終的には沸点から融点や密度に変更する生徒もいた。
＊5　実験装置を生徒に考えさせることは難しいと判断し、教師が提示した。提示された実験装置でどのようにエタノールを分離することができるのか、エタノールが分離できたことをどのように確認するのかについて計画した。本事例では、エタノールが分離できたことの確認方法では、可燃性への着目以外にも密度の計測や物の浮き沈みへの着目、塩化コバルト紙の利用が挙げられた。

7

3年／化学変化と電池

粒子

パラパラ漫画動画で 電池の仕組みを説明しよう

教材 KOMA KOMA×日文
https://www21.nichibun-g.co.jp/komakoma/

1 この授業で大切にしたいこと

　電池の基本的な仕組みについて学ぶとき、電極で起こる反応をイオンのモデルで表すことは重要である。授業では、まずダニエル電池を実際に作成し、電解質水溶液と2種類の金属を用いることで、プロペラモーターに電流が流れることを確認する。その後、「プロペラモーターを回転させるための電子は、どこで生じ、どこへ行くのか」という課題をもとに、電極における電子の授受についてイオンモデルで説明する。パラパラ漫画動画を用いることで、電極で生じた電子が回路に電流として流れることを一連の動画で表現できるため、理解が深まる。

2 使用する教材

　「KOMAKOMA×日文」は、布山タルト教授と日本文教出版株式会社が共同開発したコマ撮りアニメーション制作アプリである。何枚かの写真を撮影すると、アプリ上で即座に撮影した静止画をつなぎ合わせ、あたかもパラパラ漫画のように再生してくれる。

　新規アプリの導入には制限がかかることも多いため、専用アプリをインストールする必要がないブラウザベースの「KOMA KOMA×日文」は使いやすい。

3 使用の手順

①ブラウザでURLを指定するか、「KOMA KOMA」や「コマコマ」などでキーワード検索し、「KOMA KOMA×日文」のHPを開く。

②「KOMA KOMA×日文」のHPから「アプリを使う」をタップし、アプリを起動させる（図1）。その際に端末のカメラへのアクセスが求められた場合は「許可」をする。

図1　「KOMA KOMA×日文」起動後の画面

③インカメラになっている場合は、左上の「カメラ切り替えボタン」をタップしてアウトカメラに切り替える。

④「撮影（○）」ボタンをタップし、撮影する。

⑤前のコマが透けて見えるため、それを頼りに被写体をずらし、次のコマを撮影する（図2）。

⑥撮影し直したい場合は、「削除（×）」ボタンをタップする。直前の1枚のみ削除される。

⑦撮影が終わったら、「再生（▷）」ボタンをタップし、動画を確認する。

⑧「保存ボタン」をタップし、動画を保存する。

図2 前のコマが透けている様子

4 授業の流れ

(1)指導計画

ダニエル電池についての観察・実験を行い、電極における電子の授受によって外部に電流を取り出していることを理解できるようにする。

本時では生徒がイオンモデルを使って、そのことを具体的に説明する。

「化学変化と電池」（全4時間）

時間	小項目	内容
1	ダニエル電池の仕組み	●電池の歴史 ●ダニエル電池の作成
1		●ダニエル電池の仕組みの予想 ●長時間電流を取り出し続けた後の金属板や水溶液の観察
1		イオンモデルを用いたダニエル電池の説明【本時】
1	いろいろな電池	●一次電池と二次電池 ●果物電池などの電池づくり

(2)本時の展開

第3時「イオンモデルを用いたダニエル電池の説明」

時間	生徒の学習活動	教師の指導・支援	学びの形態
5分	1 課題を把握する。	前時の結果や物質の沸点を基に、予想するように促す。	学級
	課題：ダニエル電池の仕組みをイオンモデルで説明してみよう		
20分	2 「KOMAKOMA×日文」を使い、イオンモデルを撮影し、パラパラ漫画動画を作成する。	URLまたは二次元コードを示す。	グループ KOMAKOMA×日文
20分	3 グループごとにまとめた説明動画を学級で共有する。	必要に応じて、前時までの観察、実験動画を示し、説明が現象と矛盾していないか気付かせる。	学級
5分	4 振り返り		1人

本時では、手元にある端末で「KOMAKOMA×日文」を使用しながら、電極における電子の授受について、段階的な模式図を動画にして表現する。

生徒は、前時までにダニエル電池の観察、実験を行っているため、本時では、前時までの観察、実験の結果を踏まえて、イオンモデルを用いながらその仕組みを説明する。

まずはグループで、ホワイトボードとイオンモデルを用いて試行錯誤する。

考えがまとまってきたら、「KOMAKOMA×日文」を用いてホワイトボードとイオンモデルを撮影し、パラパラ漫画動画を作成する（図3）。その際、動画にすることで、説明の矛盾点などに気付くこともあるため、モデルに修正を加えながら何度も撮影をし直す生徒の姿が見られる。

図3　撮影の様子

図4は実際に生徒が作成した動画である。二次元コードから見ることができる。

授業の後半では各グループの動画を視聴し合う。教室の大型スクリーン（TV）などに動画を投影したり、席を立っていろいろなグループの動画を見て回ったりなど、動画共有の仕方には様々なパターンが考えられる。他グループの動画を見ることで、自分の気付かなかった考えに気付いたり、相手の動画をよりよくするために指摘し合ったりする様子が見られる。最後に、授業を終えて「大切だと思ったこと」や「分かったこと」を振り返りとして記載する。

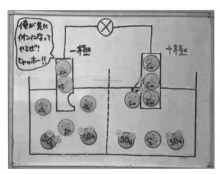
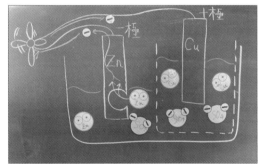
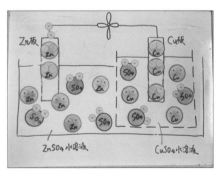
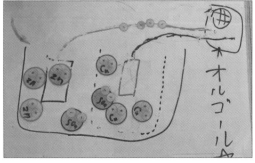

図4　撮影された動画

4 観察・実験の質を豊かにするために

(1)動きのある授業記録

　頭の中で現象の過程を何段階もモデル化し、それらをつなぎ合わせ、一連の流れとして理解するのは生徒にとって簡単なことではない。また、授業内で一時的に理解をしても、従来のようなノートの記録では動的な現象を想起しにくい。

　本事例で紹介したアプリは、断片的な画像をつなぎ合わせて動画にするというものであるため、これまで比較的困難であった、モデル同士のつなぎ合わせが簡単にできるようになる。生徒がパラパラ漫画動画を端末に保存しておけば、動きのある授業記録としていつでも見返すことができる。

図5　動画作成中の対話の様子

(2)動画作成をきっかけに協働的な学習へ

　生徒はパラパラ漫画動画を作成する過程において、よく対話をするようになる（図5）。観察や実験の様子を、断片的な画像をつなぎ合わせて動画にする際に、お互いの細かな解釈の違いに気付くからである。例えば、本実践では、電子がCuから出てきたと誤解していた生徒が、動画作成中の対話を通して、自身の考えと実験結果との矛盾に気付き、電子がZn由来であることを理解していった。このように、動画作成をきっかけに対話が生まれることで、科学的な理解を深めていくことができる。

　また生徒は、より本質的で独創的な動画を作成しようと意欲的になる。そのような動画を作成する際には仲間との協力が欠かせない。お互いに役割分担を決め、協力しながら動画を作成していく。

　このようにパラパラ漫画動画の作成は、学びとしても、活動としても、生徒を自然に「協働的」にしていくのである。

8

1年／生物の観察

生命

動物園・水族館からの情報配信を活用した動物の観察

教材　動物園・水族館等の動画

例：名古屋港水族館ライブ
csr.ctc.co.jp/aqua/

1　この授業で大切にしたいこと

　理科の授業で行う観察は、生徒自らが目的や問題意識をもって意図的に自然の事物・現象に働きかける、理科教育においてとりわけ重要な学習である。しかし、動物の観察は植物の観察と比べて、観察対象を入手する困難さや学習時間の確保等の問題によって、中学校現場では実施されにくい傾向がある。そこで、動物園・水族館が配信する情報を利用した観察学習を授業の中に取り入れる。

　動物園・水族館による動画配信の利用は、現地に行かずに済むメリットだけではない。動物が見えやすい視野で観察できるようにカメラが設置されており、動物の特徴的な行動がよく分かるように配信されている。また、担当している飼育員が食べ方やその動物の特異的な行動を解説している場合もあり、動画配信ならではのよさがある。さらに、動物は夜間に活発に動くなど昼間とは違う行動をとる種が多いので、時間の間隔を取りながら、生徒が自宅でも何回かライブカメラに接続することにより、動物の1日の様子の変化を定点で観察できる場合もある。生きている動物を端末で観察することをきっかけとして、近くにいる動物や家で飼育している動物、動物園・水族館などの施設で行う直接的な観察学習につなげていくようにする。

2　使用する教材

　動物の動画配信を実施している動物園・水族館の情報を、検索エンジンを活用して検索する。

　観察用の記録シートは、パワーポイントのスライドなどを利用して作成し、生徒の端末にあらかじめ配信しておく。

3　使用の手順

①日本動物園水族館協会のホームページ

図1　日本動物園水族館協会のホームページ

には、協会に加盟している日本全国の園館のホームページがまとめてリンクされている（図1）。また検索エンジンを活用して「動画配信　動物」「動物　動画配信　公式」などキーワードを入力して検索すると「動物のライブ映像が24時間観られる、おすすめYouTubeチャンネル」「動物園・水族館のライブカメラ」などのリンクページがヒットする（図2・図3）。

図2　アドベンチャーワールド
　　　公式YouTube
　　　チャンネルのトップページ画像

図3　名古屋港水族館のライブカメラの様子

②観察用の記録シートは、生徒の端末にあらかじめ配信しておく（図4）。シートはパワーポイントのスライドなどを利用して作成し（図5）、観察する動物の分類や観察の結果を共通の枠組みで記録しておくと、動物同士を比較して、共通点と相違点について考察がしやすくなる。

③記録シートには、後に学習する生活場所や子の生まれ方などを記述する枠組みを作っておく（図5・A）。参考にした動物園・水族館の枠には、サイトのURLを貼り付けるように指示しておく（図5・B）。他の生徒がレポートを共有した際、URLをクリックするとサイトに飛べるので、生徒が観察できる動画サイトの選択肢が増えていく。観察した結果は「この生物の特徴」の枠組みに記録する（図5・C）。同じ動画配信サイトに複数の種類の動物が配信されている場合も多く、複数の種類の動物の観察の記録ができるように、複数のシートを同時に配信しておくとよい。

図4　Teamsでファイルを配信している
　　　画面

図5　生徒の記録シートの例

4 授業の流れ

(1)指導計画

身近な生物の観察を通して、いろいろな生物の共通点や相違点を見いだす。

本時では、校庭では観察しにくい動物について、動物園・水族館の動画配信を活用して生きている動物を観察する。

「生物の観察」（全5時間）

時間	小項目	内容
1	校庭の生物の観察	校庭周辺の生物を観察して、その特徴を調べる。
1	動物の観察	動物園・水族館の動画配信等を活用して動物を観察する【本時】
1	生物の比較	校庭の生物や動物の観察記録を比較して、共通点や相違点を見いだして考察する。
2	生物の分類	調べた生物を分類するための観点を考え、仲間分けをする。

(2)本時の展開

第2時「動物園・水族館の動画配信等を活用して動物を観察する」

時間	生徒の学習活動	教師の指導・支援	学びの形態
5分	1 課題を把握する。	日本動物園水族館協会のホームページを提示する。	学級
	課題：動物園や水族館の動画配信を活用して、生きている動物を観察しよう		
5分	2 Teamsの配信で観察シートを受け取り、記入方法の説明を聞く。	参考にしたサイトのURLの貼り方を教える。	1人 Teams
5分	3 動画配信先を探す。	見つけることができない生徒のため、あらかじめ一覧表などを作成して検索先を紹介できるようにしておく。	1人 検索エンジン
20分	4 動画配信で動物を観察する。	体のつくりや移動の仕方、食べ方など観察の視点を与える。	グループ ライブ配信
10分	5 他の人がどのような動物を観察したか情報共有する。	他の生徒のファイルを共有して、他の人がどの動物を観察したのかを知る。	1人
5分	6 振り返り 観察の感想を簡単に回答する。	自宅で調べたサイトに接続して、夜の時間の動物の行動も観察して比較するとよいことを伝える。	Teams

生徒自身が手元にある端末を活用し、学校から離れている動物園や水族館の生きている動物の行動を観察して記録シートを作成し、次時で学級全体の記録シートを比較することで、生物の共通性と多様性を見いださせる。

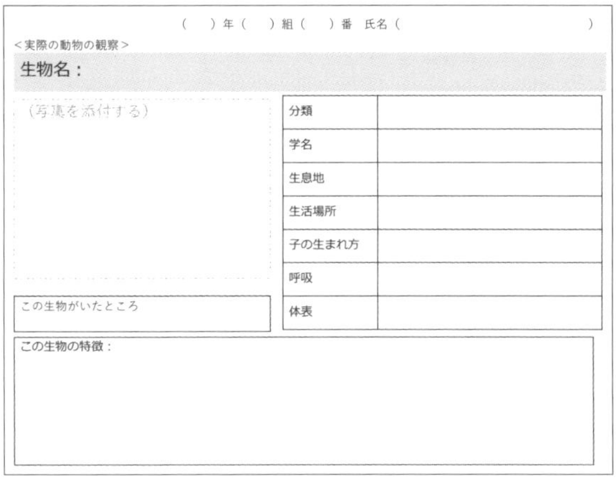

(3)観察方法【基本編】：複数の動物の種類を観察する

あらかじめ複数の記録シートを生徒の端

図6　記録シートの基本フォーマットの例

末に配信し、複数の種類の動物を観察するように課す（図6）。分類上の位置付け（〇〇科〇〇属）や学名、子の生まれ方や呼吸の仕方など、動画配信で分からないことはインターネットを利用して調べてよいことにする。2種類以上の動物を観察するように指示する。

図7はある生徒の記録シートの例である。

一人の生徒が観察した動物の種類が2種類であっても、学級内の生徒の記録シートを集めれば、かなりの種類の動物の観察記録が集まる。次時の授業で、集められた動物の記録シートを使い、比較することによって共通点と相違点を見いだして分類する学習を行ったり、この単元の先の学習「動物の体の共通点と相違点」での動物の分類の学習に活用したりすることができる。

(4)観察方法【発展編】：動物の行動に着目して継続観察をする

オンラインでアクセスできる利便性を生かして、授業外の時間に接続をして、行動の様子が1日の中でどのように変化していくのかを観察する。動物にはその種独自の得意技とも言える特徴的な行動があり、動画配信だからこそ発見しやすい。また、時間帯により動きが激しい時間帯とあまり行動をしない時間帯があることに気付く

（1）年（B）組（ ）番　氏名（ ）　①

＜実際の動物の観察＞　ライブ配信
生物名：アジアゾウ

分類	ゾウ目ゾウ科
学名	Elephas maximus
生息地	アジアの13の国と地域
生活場所	陸上
子の生まれ方	胎生
呼吸	肺
体表	しわがよった肌

この生物がいたところ
タロンガ動物園

この生物の特徴：映像にうつっているほとんどの時間を食事に費やしている。エサを持ち上げるときには長い鼻を使い、器用に口元までもっていっている。鼻の動き方がとても多彩で、先端部分のみを丸めて、エサをつかんだり、丸めてエサをつかんだ状態で口が空っぽになるのまったり、水を飲みのに使っていたりと、様々な使い方をしているし、とても力が強く柔軟性が高いことがわかる。授業で習ったように、咀嚼は縦方向に行っていた。またエサがおいていないところの地面だったり、壁だったりに鼻で触るようなしぐさが見受けられる。歩くスピードはゆっくりで、歩いているときは常に視線が下に向いている。同時に鼻で地面を触っているため、エサを目と鼻で探しながら歩き、見つけたら食べる、という動作を繰り返してるように見られる。

図7　生徒の記録シートの例

（ ）年（ ）組（ ）番　氏名（ ）

＜実際の動物の観察＞
生物名：ジェンツーペンギン

この生物がいたところ
名古屋港水族館

時刻	行動の様子
10:00	手でバランスをとりながら陸上を歩いていた。
10:30	頭の動きとくちばしを使い、魚を頭から丸呑みして食べていた。
11:00	水中ではなく、陸上にいるペンギンが大半を占めていた。
11:30	うつ伏せに寝ていたり、背中を付けて寝ているペンギンがいた。
12:00	地上で羽を拘束して動かして水を切ったり、くちばしでも毛繕いをしていた。
16:00	泳いでいるペンギンが多かった。
16:30	足や羽を使って高速で泳いでいた。
17:00	イルカのように水面をジャンプしていた。
17:30	時々、羽を使って横向きで泳いでいた。
18:00	水面で顔だけ出して浮いていた。
20:00	陸上で段差のあるところから降りる時に、羽を広げてバランスをとっていた。
20:30	陸上で、はねや首を動かしたり回したりしていた。
21:00	二匹で同時に泳いでいるペンギンがいた。
21:30	陸上で寝ているペンギンが多かった。
22:00	陸上で尾を動かしていた。

この生物の特徴：
陸上にいる時のペンギンはあまり動かないことに観察していて気が付いた。また、予想とは違って多くのペンギンが決まった時間に寝たり泳いだりする時間帯があった。少し若めのペンギンの方が多く動いているような気がした。体表は羽毛に覆われていて、足には爪があった。膝は表には出ておらず、胴体の中にあり、いつも体育座りのような姿勢で歩いているという説明があって驚いた。鳥類だから首を後ろに回したりするなどの鳥のような動きも見られた。

＜実際の動物の観察＞
生物名：ニホンザル（オナガザル科）

この生物がいたところ
淡路島モンキーセンター

時刻	行動の様子
10:00	吊るしてあるロープのおもちゃを指でつかんで引っ張っていた。
10:20	母ザルに子サルが手と足でしがみついていた。
10:40	手と足を使い、四足歩行をしていた。
11:00	足で地面を蹴り、屋根に飛び乗った。
11:20	他の猿の背中を手を使って毛繕いをしていた。
11:40	指を使い、自分の背中をかいていた。
12:00	足で屋根を蹴り、地面に手から着地した。
12:20	立って、吊るしている筒の中をのぞきこんだり、手を入れたりして遊んでいるようだった。
12:40	子ザルが手の指と足の指を使ってはしごを上がろうとしていた。
13:00	地面に体育座りのように座っていた。
13:20	寝ているサルの毛繕いをしていた。
13:40	来園した人に興味をもって、手と足で人にしがみついたり、ついていったりしていた。
14:00	近くにいた鹿を手や足で叩いていた。
18:00	一匹のサルが吊るしてあるロープのおもちゃで遊んでいた。
18:20	全ての猿や鹿がいなくなった。山に帰ったと思われる。

この生物の特徴：
サル同士で毛繕いをしたり、追いかけて遊ぶような仕草や、子ザルの世話をするなど、他の動物と比べて社会的な活動が多いように感じた。また、筒の中をのぞいたり、ヒモを引っ張ったりするなど、知的好奇心の高い動物だと思った。何か道具を持ったり、手を使う時以外は完全に四足歩行なのは意外だった。指を器用に使って木を登ったり、ものを持ったり、毛繕いをしたり、親にしがみついたりする様子から、指がとても発達しているということに気が付いた。

図8　動物の行動に着目した観察の例

8　動物園・水族館からの情報配信を活用した動物の観察

ことも多い。図8は生徒の記録の例である。

4 観察・実験の質を豊かにするために

(1)動画配信のリンク先一覧を作成

　動画サイトの選出は生徒がしてもよいが、教師があらかじめリンク先の一覧を作成しておくとよい。海外の園館の活用も有効である。配信サイトを検索する時間を短縮して、観察をする学習時間を確保する。配信の状況は園館の事情等により常に変わっていくので、事前に教師が配信の様子を確認しておくとよい。

表1　生徒がライブ配信を利用した動物園や水族館の例

国内		国外
旭川市旭山動物園	平川動物園	グリーンビル動物園 （アメリカ合衆国）
アドベンチャーワールド	広島市安佐動物公園	スミソニアン動物園 （アメリカ合衆国）
淡路島モンキーセンター	男鹿水族館GAO	カンザスシティ動物園 （アメリカ合衆国）
上野動物園	海遊館	ヘラブルン動物園 （ドイツ）
かみね動物園	かごしま水族館	成都ジャイアントパンダ 繁育研究基地（中華人民共和国）
五月山動物園	川崎水族館	
静岡市立日本平動物園	さいたま水族館	
多摩動物公園	サンシャイン水族館	
天王寺動物園	新江ノ島水族館	
東武動物公園	美ら海水族館	
長崎バイオパーク	名古屋港水族館	

（2）継続的に配信サイトに接続し、動物の1日の行動の変容に着目

　動画配信の利点は、自分が観察できる時間に接続して動物の様子が観察できる点にある。動物の行動は昼間と夜間とでは大きく異なり、活発に活動している時間帯があることが多い。授業時間に観察した動物の日中の行動と、夜間の行動とがどのように違うのかに着目し比較することは、動物の行動について新たな一面を発見できる機会にもなる。1人1台端末だからこそ可能な観察学習でもある。

（3）リアルな観察学習につなげる指導の充実

　動画配信を活用して行う動物の観察は、動物の行動を観察する面白さを味わうきっかけになる。しかし、やはり五感を働かせて生徒が直接的に動物を観察する学習も経験させたい。例えば、同

じ観察用記録シートを使って、生徒が飼育している動物や身近に観察できる動物にも目を向けるよう促し、記録させる（図9・図10）。また、端末で観察した動物が飼育されている近くの動物園や水族館を調べて、実際にその施設を訪れ、自分の目でその動物を観察するよう促す。たくさんの動画配信の情報から、自分自身が選んで調べた動物であるため、その動物に対する興味・関心が高まっていると考えられる。自宅から近い距離にある場合や、家族旅行の行き先にある場合などは、訪問しやすいだろう。

端末を活用した観察学習をきっかけに、実際に動物園・水族館で観察をしてみると、端末での学習では感じられない動物の匂いや鳴き声など、生きている動物の息づかいを間近に感じとることができる。自分の目で観察するとどのような気付きがあるのか、端末での観察との違いを生徒自身が実感することになる。実際に観察してみたら、新たにこんなことに気付いたという発見を観察用記録シートに記述するよう促すとよいだろう。

長期休業中の課題とすることで、時間をかけてじっくりと観察に取り組ませることもできる。生きた動物の観察学習を通して、動物の世界の多様性を実感させたい。

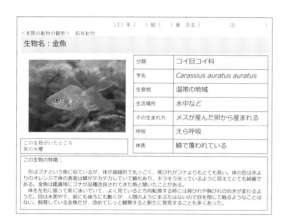

図9　生徒が飼育しているキンギョを観察した例

図10　庭にいたオカダンゴムシを観察した例

実験結果のバラつきを考察に生かす工夫

教材 お茶の水女子大学サイエンス＆
エデュケーション研究所
①だ液によるデンプンの変化を調べよう
https://youtu.be/j-hTxtjd50Y

 ②温度によるだ液のはたらきを調べよう
https://youtu.be/
Gfmn9brwu30Microsoft Teams

1 この授業で大切にしたいこと

　コロナ禍では、生徒のだ液を使ったグループ実験が学校では実施しづらかった。生徒が端末を自宅に持ち帰れるという利点を生かし、授業内でやりにくい観察・実験をあえて生徒の自宅で行う。そして、個別実験で得られる結果のバラつきを学校での授業で比較し、結果を分析・解釈することで、総合的に考察する場面をつくるようにした。想定通りにならない結果のバラツキこそ、試行錯誤して妥当性を検討する材料になると捉える。ここでは、端末が「理科室と自宅をつなぐ」「生徒同士の結果を比較しやすくする」という橋渡しとしての役割を果たす。

2 使用する教材

　自宅で実験を行うための実験セットは、安全に配慮しながら確実に実験結果が出るように開発されたものである[*1]（図1・図2）。

　実験結果を記録するレポートは、パワーポイントのスライドなどで作成し、Microsoft Teams（以下、Teams）を利用して生徒の端末に配信しておく。また、実験方法を紹介した動画コンテンツを配信し、生徒が繰り返し視聴できるようにする（図3）。実験方法の動画は、お茶の水女子大学サイエンス＆エデュケーション研究所（元サイエンス＆エデュケーションセンター）が中学校と連携して作成し、配信しているコンテンツである。

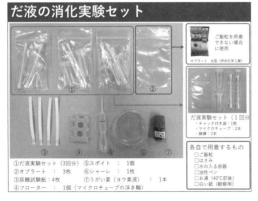

図1　だ液による炭水化物の消化実験セット

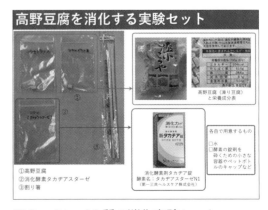

図2　タンパク質の消化実験セット

3 使用の手順

①自宅で行う個別実験のための実験セット（図1・図2）を配付し、実験方法を授業で説明する。だ液の働きについて条件を制御した対照実験の計画を生徒自らが立てることにより、見通しをもって解決方法を立案できるようにする。また、実験の手順については生徒が自宅で視聴して操作を確認できるように、動画コンテンツを配信する（図3）。

図3　個別実験の方法が分かる
　　　動画コンテンツ

②実験レポートは、パワーポイント等で作成し（図4）、Teamsを利用して生徒の端末に配信しておく（図5）。実験の結果を端末のカメラで撮影し、記録に残しておくことを課す。

図4　配信する実験レポート

図5　Teamsでの課題配信画面

③生徒は自宅で実験をした後、結果の記録を写真撮影して実験レポートに添付する。レポートはTeamsの課題提出の機能を利用して、次の授業の開始までに提出をするように指示する。Teamsを使った課題の配付は、リアルタイムで生徒の作成経過や提出状況が把握できるので、レポートの提出ができていない生徒への声かけもしやすい。

④教師用端末にMicrosoftが導入されていれば、生徒が提出したレポートを、「Share Point」のソフトを利用して一括でダウンロードすることができる。それらを共有ファイル等にまとめて入れておき、生徒が作成したレポートを授業中に相互に見合うことができるように準備しておく。

4 授業の流れ

(1)指導計画

　消化や呼吸について観察・実験を行い、動物の体が必要な物質を取り入れ運搬している仕組みを観察・実験の結果などと関連付けて理解できるようにする。

(2)本時の展開

第1時では、だ液の消化の働きについて仮説を立て、仮説を検証するための実験計画を立案する。

第2時では、生徒が提出したレポートを相互に読み比べ、様々な実験の結果から総合的に判断するとどのようなことが言えるのか、一人一人が深く考えて考察することを学習のねらいとする。

「生命を維持する働き」（全9時間）

時間	小項目	内容
1	消化と吸収	食物の消化　実験方法の説明と実験計画の立案【本時1】
		自宅における生徒実験「だ液による炭水化物の消化実験」
1		実験結果を考察しよう【本時2】
2		● 消化酵素と消化 ● 小腸による吸収
1	呼吸	肺に空気が出入りするしくみ
4	血液とその循環	血管と血液、心臓と血液の循環のしくみ、腎臓による排出

第1時「食物の消化　実験方法の説明と実験計画の立案」

時間	生徒の学習活動	教師の指導・支援	学びの形態
5分	1 課題を把握する。	本時の学習の目的を提示する。	学級
	課題：デンプンに対するだ液の働きを確かめる実験計画を立てよう		
5分	2 小学校で学習したデンプンに対するだ液の働きについて振り返る。	だ液と混ざるとデンプンではない別のものに変化することを思い出させる。デンプンを調べるための方法について、考えさせる。	学級
5分	3 だ液によって変化するものは何かを予想し、仮説を立てる。	お米など炭水化物を食べた際に、噛んで甘くなった生活経験を想起させるとよい。	グループ
10分	4 糖を検出するための方法を知る。	糖を検出する方法を教える。検索サイトを利用して、検出方法を調べさせてもよい。	学級 または 1人 動画コンテンツ
15分	5 実験計画を立てる。どの結果とどの結果を比較すると何が分かるのか、予想してまとめる。	どんな実験をすればデンプンに対するだ液の働きを確かめられるか、条件を制御した対照実験を検討できるように働きかける。	1人
10分	6 自分とクラスメイトの実験計画を比較して、実験計画の妥当性について検討する。	実験計画の違いを比較させ、より確からしい検証ができるように話し合わせる。	グループ

第2時「実験結果を考察しよう」

時間	生徒の学習活動	教師の指導・支援	学びの形態
5分	1 課題を把握する。	本時の学習の目的を提示する。	学級
	課題：デンプンに対するだ液の働きについて、結果をもとに考察をしよう		
10分	2 自分が提出した実験レポートとクラスメイトのレポートを読んで結果を比較する。	あらかじめ提出されたレポートを共有しておく。結果の違いに着目させて、結果からどのようなことが言えるのかを問う。	1人 Teams
15分	3 気付いたことをグループごとに情報共有する。	実験のエラーや結果のバラつきをどのように捉えるのかをグループで検討させる。	グループ
10分	4 結果を総合的に捉えて考察する。	結果や考察の妥当性について考えさせた上で、個人の考察に他の人の結果から分かることを加えて記載するように指示する。	1人 Teams
10分	5 振り返り	どの結果とどの結果を比較するとどのようなことが分かるのかをまとめる。結果の表現の仕方についてよりよい方法を振り返らせる。	1人 Teams

5 観察・実験の質を豊かにするために

(1)生徒全員が確実に実験を行う

　自宅で実験を実施しない生徒がいないように、全員の結果を授業で比較して考察する大切さをあらかじめ伝えておく。入浴しながらでも楽しく簡単に実験ができ、自分の体の働きについて分かる結果が得られることを伝え、動機付けを図る。

(2)結果のバラつきを逆手にとることで、考察を深める

　実験は教師の指導を完全に離れ、生徒に任されるため、結果は必ずしも想定通りにはならない。ただ、失敗と思えるような結果にこそ、学ぶ要素がつまっている。同じ実験を経験しているはずが、ヨウ素液や糖試験紙の反応など実験結果そのものに差異があり、実験結果の表現方法にも多様な表現があることが分かる。図6と比較して、図7のように本来は反応が出るはずの糖試験紙に反応が出ていない結果や、ヨウ素デンプン反応が出ないはずが強く反応が出ている結果もある。実験エラーとも言えるこのような結果からどのようなことが言及できるかを考え、試行錯誤する。また、図8のように、指示されているご飯粒やオブラートを素材にした実験を自ら応用して、ピーナッツのお菓子を炭水化物の素材として使用した結果も提出され、生徒の工夫に対してなるほどと思わされることもある。

　グループ実験ではなく個別実験だからこそ、在籍生徒数分という多くの数の結果を比較できる。自分と他の人の結果を比較検討することにより、結果を分析・解釈する過程で妥当性が検討でき、考察の深まりにつながっていく。

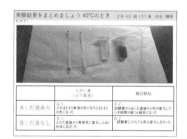

図6　実験結果の例

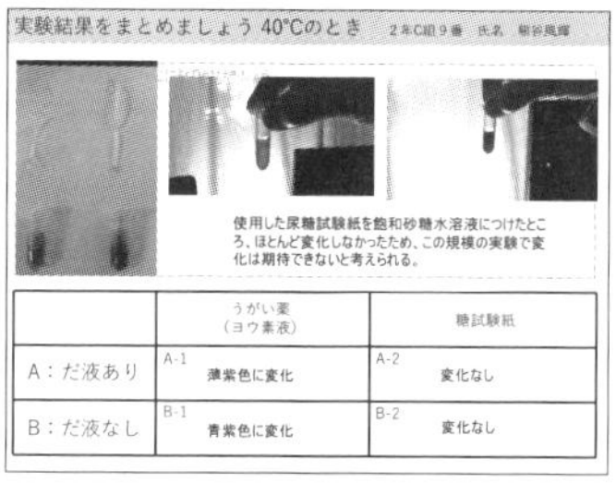

図7　糖試験紙が反応しなかった例

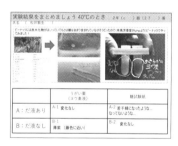

図8　工夫して実験をした例

参考文献
＊1　川島紀子・里浩彰・貞光千春・千葉和義「自宅でできる食物の消化実験の開発と実践」 公益財団法人東レ科学振興会，令和2年度東レ理科教育賞受賞作品集第52回，pp.6-9,2021.

生命

顕微鏡観察における
結果の記録と考察の共有

教材
①端末のカメラ機能
②Microsoft Teams

1 この授業で大切にしたいこと

　顕微鏡を用いた観察では、観察した対象物の様子を共有することは難しい。生徒全員の顕微鏡を覗くことはできないからである。授業では、端末のカメラを用いて顕微鏡で観察した対象物を撮影し、学級全体で共有する。そうすることで、観察した結果を共有することができ、観察をより充実したものにすることができる。また、観察を支援する点でも役に立つ。顕微鏡の扱いに慣れない生徒は、対象物を正しく観察できていないことも多い。撮影している様子や画像を確認することで、早い段階での教師の支援につながる。

　1人では時間内に対象物を数個しか観察することができないが、学級全体での共有を通して様々な対象物を比較し話し合うことで、思考を深めたり新たな気付きを得たりすることができる。様々な視点から観察を行うことで、思考の幅を広げ、興味を深めてもらいたい。

2 使用する教材

　端末のカメラ、Microsoft Teams（以下、Teams）を用いる。顕微鏡で観察した視野を撮影するために端末のカメラを使用し、撮影した画像を共有するためにTeamsを使用する。

3 使用の手順

①端末のカメラで、顕微鏡で観察しているものを撮影する。接眼レンズから端末のカメラで撮影することは慣れていないと難しいが、ポイントを押さえると比較的容易に撮影できるようになる（図1）。

【撮影のポイント】

●下からのライトが光源となっている場合、ライトの明かりを少し暗くすると撮影しやすくなる。

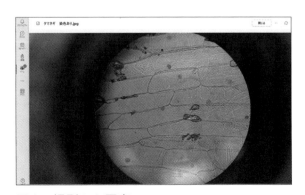

図1　撮影した写真

● 撮影できる角度は限られているため、写真ではなく動画で撮影し、後で必要な部分をスクリーンショットなどで取り出すとよい画像が得られる。また、顕微鏡に固定するためのクリップを用いても撮影しやすくなる。

② 撮影した画像の名前を、撮影した対象物や撮影者などに変更して、Teams上の指定のフォルダに保存する。目的に応じて、グループのメンバーが共有できるフォルダや学級全体が共有できるフォルダなどを用意しておく（図2）。

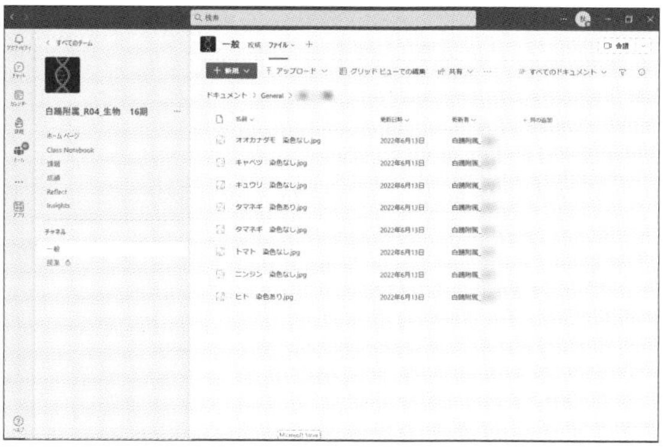

図2　グループ内での共有フォルダ

③ 個人で撮影した画像を用いて、グループで発表を行い、それぞれの画像から分かる特徴や相違点などを共有し、全体発表に使う画像を選択する。

④ グループで選択した画像を用いて、全体発表に使用する資料を作成する。資料はPowerPointなどを利用して作成する。Teams内で作成するとグループ全員で同時に編集することができる。

⑤ 各グループが作成した資料を共有できるフォルダに提出する。全体発表に使用しやすい形の提出用フォルダを事前に用意しておく。

⑥ 用意した資料を教員用の端末からスクリーンに提示して各グループが発表を行い、観察結果や考察を学級全体で共有する。

4 授業の流れ

(1)指導計画

　肉眼では観察できない試料や、細かい特徴を観察したい試料を顕微鏡で観察し、共通点や相違点、特徴等を理解できるようにする。

　本時では、顕微鏡で観察した様子を学級全体で共有し、理解を深める。

「細胞」（全2時間）

時間	小項目	内容
1	生物をつくる細胞	植物細胞と動物細胞の観察 観察「顕微鏡で植物細胞と動物細胞を観察する」
1		植物細胞と動物細胞の共通点と相違点 ● 植物細胞と動物細胞のつくりの共通点や相違点を探し、共有する。

(2)本時の展開

　顕微鏡で観察した対象物を端末のカメラで撮影し、その画像をグループや学級で共有することで、共通点や相違点、特徴について理解を深める。完成したプレパラートを使用する場合は1時間で観察発表まで行うことができるが、プレパラートの作成から始める場合は、1時間目で観察撮影、保存まで行い、2時間目にグループ発表からスタートしてもよい。

　一人一人が撮影した画像の中からよいものを選び、グループ内で発表し観察結果を共有する。

第1時「植物細胞と動物細胞の観察」

時間	生徒の学習活動	教師の指導・支援	学びの形態
5分	1 課題を把握する。	観察に際しての着目点を示す。	学級
	課題：顕微鏡で植物細胞と動物細胞を観察し、比較しよう		
15分	2 試料を用いてプレパラートを作成する(複数作成してもよい)。	作成方法について説明する。	1人
15分	3 顕微鏡で試料の観察を行い、端末のカメラを用いて撮影する。	観察方法や撮影のポイントを説明する。	1人 端末のカメラ
15分	4 撮影した画像に名前をつけ、指定の場所に保存し、グループ内で共有する。	画像選択のポイントやグループ内発表の流れを示す。	グループ Teams

第2時「植物細胞と動物細胞の共通点と相違点」

時間	生徒の学習活動	教師の指導・支援	学びの形態
5分	1 課題を把握する。		学級
	課題：観察した植物細胞と動物細胞を比較し、共通点や相違点を探そう		
20分	2 撮影した画像をもとに、グループ内で共通点や相違点を話し合い、発表資料を作成する。	資料作成のポイントを示す。	グループ Teams
20分	3 グループ内でまとめたことを学級全体で発表する。	各グループがまとめた内容をスクリーンに提示する。	学級 Teams
5分	4 振り返り		1人 Forms

さらに、グループ内でよかったものを学級で発表することで、全体で考察を共有していく。その際、PowerPointのテンプレートなどを配付し、そこに画像を貼り付けるなどして資料を作成する形式にしておくと、画像を選ぶ際に何に着目して選べばよいのかなど、学級全体で共通認識をもつことができ、共通点や相違点の発見につながりやすい（図3）。

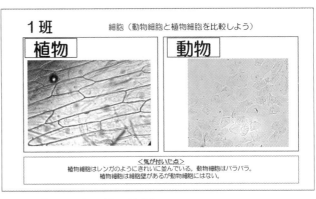

図3　全体発表の提示資料

　提出用のフォルダは、生徒がいつでも見ることができるようにしておくと、まとめや振り返りを行う際、すべてのグループの発表資料を参考にしながら考えることができる。

4 観察・実験の質を豊かにするために

(1)観察結果の詳細でスムーズな記録で、思考をよりクリティカルに

　顕微鏡観察では一人一人が観察したものをスケッチして記録していくことが多い。しかし、顕微鏡の扱いに慣れていない生徒にとっては、顕微鏡をのぞきながらスケッチすることは容易なことではない。そのため、スケッチに時間がかかり、観察できる物の数が少なくなってしまったり、特徴を捉えきれず考察に生かせなかったりして、観察の成果が得られづらいことがある。さらに、一人一人が観察している視野を共有することができないため、対象物が分からなかったり誤ったものを観察していたりした場合も、周囲の人に意見を聞くことが難しく、言葉ではうまく伝わらずに支援を受けられないことも多い。

　観察した対象物を端末で撮影することができると、これらの課題が解決できる。画像を見ながら落ち着いてスケッチをしたり、観察しながら周囲の人と意見交換をしたりすることができる。動き回る対象についても特徴を捉えたスケッチをすることができる。また、観察・記録できる対象物が増えることで、比較対象が増え、クリティカルな検証が可能になる。例えば、「タマネギの細胞を観察し、植物細胞には細胞壁があることが分かった」とするよりも、「タマネギとオオカナダモとその他の植物細胞を観察し、共通点として植物細胞には細胞壁があることが分かった」とする方がクリティカルな思考と言える（図4）。

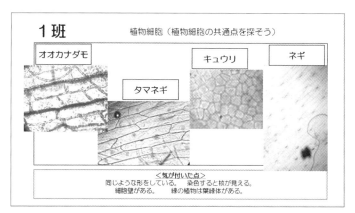

図4　多くの試料を比較した発表用資料

(2)結果を共有することで協働的な思考と新しい発見を

　各自が保存した画像をグループ内で発表する際に、何を目的として撮影した画像なのか、その画像から分かる特徴は何なのかを説明させることで、各自の思考をまとめる機会となる。また、グループ内で画像を選択する際には、どの画像がよいか話し合う中で、特徴や違いに目を向けることができ、互いに思考を補い合うことができる。

　各グループの発表資料を全体で共有することで、グループでは観察できなかったものを見ることができたり、同じものでも違う角度から見たり考えたりすることができたりと、新たな気付きにつながる。

(3) 継続的な観察も可能

　ウニの発生実験など、観察が継続的に必要な実験にも応用することができる。授業内で受精の実験は観察することができるが、その後ウニが発生していく様子を授業内で観察することは難しい。そこで、顕微鏡にカメラを固定し、ビデオで撮影しながらTeams上の会議で配信する。生徒は端末を持ち帰り、いつでも発生の様子を観察することができる。観察した様子をスクリーンショットで撮影させておくことで、レポートにまとめることも可能である（図5・6・7）。ウニの発生の動画などは容易に探すことができるが、自分たちで受精させた受精卵の発生過程を、リアルタイムで観察することで得られる生徒の感動は大きい。授業中に受精させた受精卵が、夜には卵割している様子が見られ、翌朝にはふ化して泳ぎだしている。普段、授業のTeamsをあまり見ない生徒でも、配信中は朝起きてすぐにTeamsを開くなど、非常に関心が高く、翌日の授業では泳ぎだした瞬間を見た感動を興奮気味に語っている生徒もいた。

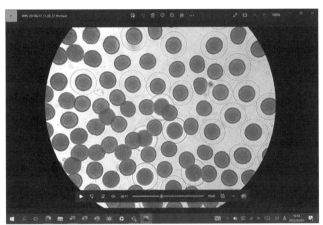

図5　授業中に生徒が撮影した受精の様子

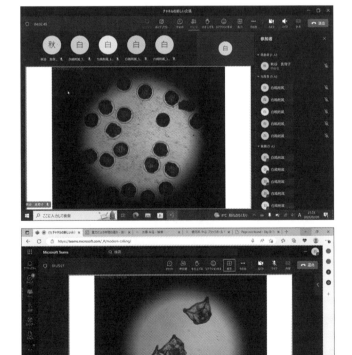

図6　生徒のスクリーンショット

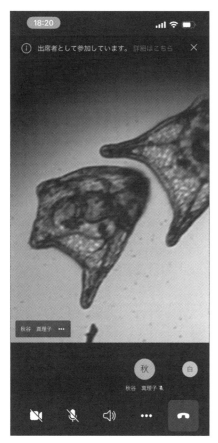
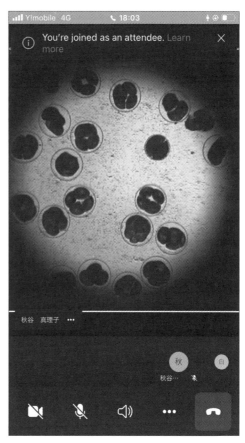

図7　外出中に生徒がスマートフォンで撮影を続け記録した
　　　スクリーンショット

地球

空間的な見方で地層の重なりと広がりを推測しよう

教材
Google Jamboard

1　この授業で大切にしたいこと

　生徒に地層の重なりや広がりについて推測させたり、理解させたりすることに、多くの教師が頭を悩ませているのではないだろうか。それは、フィールドに出て露頭を目にする機会が少ないことはもちろんのこと、三次元に広がる地層内部を、実感をもって認識させることが難しいから

であろう。地形図と柱状図を黒板や資料上で提示しても、それらは二次元の情報にすぎず、生徒がすぐに三次元的な広がりのある地層空間を把握できるわけではない。

　そこで本事例では、地層の見せ方を工夫する。まず、仮想の地層を作り、理科室そのものが地層の塊であると仮定する（図1）。単元が終わるまで、生徒には図1を見せない。次に、理科室の天井の数か所から柱状図（ボーリングコアモデル）を吊り下げ、生徒が「地層の中にいる状態」を作り出す（図2）。これによって、生徒は柱状図を見ながら、礫層、砂層、泥層、火山灰の層などがどのように重なったり、どの方向に広がったりしているかを考え、認識しやすくなるだろう。

　その上でICT機器を利用する。生徒に、この仮想の地層を東西南北のあらゆる方向から撮影したり、地層の展開図を作ったり

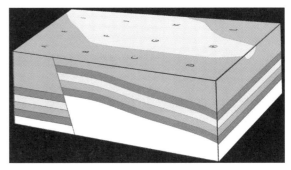

図1　仮想の地層（手前が南、奥が北）

柱状図上端は
天井に接する

柱状図下端は
床に接する

図2　天井から吊した12本の柱状図

する機会を与える。地層の内部と外部を行き来して得た情報をデジタルワークシートにまとめ、他者とそれらを共有しながら、地層の重なりと広がりを推定していく。

2 使用する教材

(1)柱状図

柱状図（ボーリングコアのモデル）は、
A4やA3用紙に礫、砂、泥などの層名を記
入し、印刷する。それらを円筒形に丸めた
画用紙や水道管用保護クッション等に貼り
合わせ、ボーリングコアのモデルを作成す

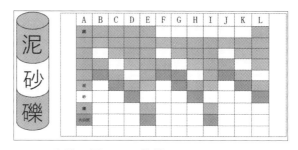

図3　生徒に提示した柱状図

る（図3）。時間がない場合は、用紙を丸めずに縦につなぎ合わせて天井から吊すだけでもよい。
または、長尺印刷が可能なプリンタで、天井までの高さに合せた長さを印刷し、柱状図としても
よい。

(2)ICT機器

Google Jamboard（以下、Jamboard）などのデジタルホワイトボードが作成できるアプリケー
ションを用意する。あらかじめデジタルホワイトボード上にマトリクスを作り、東西南北の画
像情報を整理しやすいようなフォーマットを作成する（図4）。さらに別のシートには展開図と
立体を貼り付けておき、地層を俯瞰して表現できるようにしておく（図5）。柱状図の撮影は、
地層の外部からだけでなく、内部からも行うと効果的である。地層の内側と外側を行ったり来た
りする視点の移動を通して、地層の重なりや広がりを推定することができるようになるだろう。

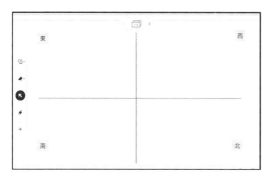

図4　画像を整理するためのマトリクス

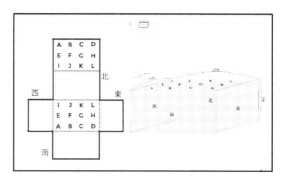

図5　地層を表現するための展開図と直方体

3 使用の手順

①端末のカメラで教室内の柱状図を撮影する。

②Jamboard を起動し、教師が作ったマトリクス表と展開図を配付する。

③①で撮影した写真を Jamboard のマトリクスに東西南北別に貼り付ける。

④③の情報をもとに地層の展開図をまとめる。

⑤③や④の情報を小集団や全体で共有できるようにする（共有を有効しておく）。

4 授業の流れ

(1)指導計画

単元の最初に、図2や図3のような柱状図をもとにして地層の重なっている順序や広がっている方向を推定させる。単元の中では、液状化現象や地層の中にある断層がどのように形成されるかについて学ぶ。単

「地層の重なりと広がり」（全6時間）

時間	小項目	内容
2	地層の推定	地層の重なりと広がりを推定する【本時】
1	ボーリング調査	ボーリング調査から分かること
1	液状化	液状化とその被害
1	断層	断層ができるしくみ
1	地層の推定	地層の重なりと広がりを推定する

元の最後に再び地層の重なりや広がりを推定させる。単元の最初と最後を比較し、生徒の考えの変容を見取る。

(2)本時の展開

本時の前半では、生徒が1人1台端末を操作し、柱状図を様々な方向から撮影したり、展開図を作ったりしながら、地層の重なりや広がりを個々に推定する。

第1・2時「地層の重なりと広がりを推定する」

時間	生徒の学習活動	教師の指導・支援	学びの形態
15分	1 課題を把握する。	スカイツリーの建設当時の画像をスクリーンに提示する。	学級
	課題：地層はどのように重なったり、広がったりしているのだろうか。		
15分	2 教室内を自由に動き、柱状図を観察・撮影し、デジタルワークシートにまとめる。	教室内を自由に動き、様々な方向から柱状図を観察するように伝える。	1人 Jamboard
20分	3 東西南北から見た時の地層の様子を展開図や直方体上に描かせる。		1人
20分	4 グループ内でデジタルワークシートを共有する。		グループ Jamboard
20分	5 グループ間で意見を共有し、結論を出す。	デジタルホワイトボードで学級全体に情報共有する。	学級 Jamboard
10分	6 振り返り		1人

本時の後半では、地層の重なりと広がりをまとめたデジタルワークシートを他者と比較したり、展開図や直方体にどのように描くのかを議論したりする時間を大切にしたい。図6のような展開図を互いに見せ合ったり、デジタルワークシートを送り合ったりして、教室に吊るされた柱状図と比較する。そうすることで、地層の中と外を行ったり来たりしながら、地層の重なりと広がりについて理解を深めるだろう。

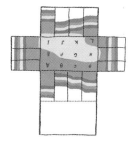

図6 生徒が描いた展開図

5　観察・実験の質を豊かにするために

(1)単元に文脈を加え、地層内部を考えるきっかけを与える

　唐突に地層の重なりや広がりを推定しようと生徒に伝えても、主体的に学習に取り組むことができない場合もあるだろう。生徒が主体的に学びに向かうためには、単元の中に文脈を加えることが有効な手立ての一つである。筆者は単元の初めに、東京スカイツリー建設当時の話を紹介する。東京スカイツリーは、高さ634m、質量36,000t以上[*1]もあるが、海抜0mの軟弱な地盤の上に建設されていることを伝える。「どうしてそのような軟弱な地盤の上に非常に重くて高いタワーが建設できるのか」と問うと、生徒たちは「きっと地面の中に何か工夫がしてあるに違いない」と答え、思考が地面の中に巡るようになってくる。

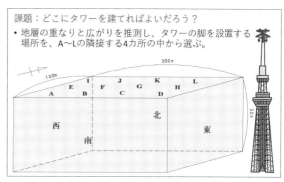

図7　タワーを建てる文脈を設定する場合

　さらに「ある地層の上にスカイツリーのような巨大なタワーを建てることになった。タワーには脚が4本あって、建設予定地のどこかに脚を置く場所を決めなければならない。あなたならA～L地点のどこに脚を置くか」といった文脈を与える（図7）。単元の開始前に、根拠が乏しい中で脚の設置場所を選んでいた生徒が、単元を学びながら、礫、砂、泥、火山灰の性質、液状化現象、断層等について理解を深めていく。それらの知識と地層の重なりや広がりを根拠としながら、タワーの建設場所を考えるようになるだろう。

(2)ICTで深い学びを生み出す

　本事例は、アナログな柱状図をベースとしているが、そこにICT活用が掛け合わされることで、これまで困難であった地層の三次元の様子を共有できるようになる。それらをもとに地層の重なりや広がりについて議論を重ね、深い学びにつなげることができるだろう。

　地層のプロジェクションマッピング動画は、右の二次元コードから見ることができる。

註
*1　株式会社大林組「東京スカイツリー建設プロジェクト」　http://www.skytree-obayashi.com/about/

2年／気象の観測

地球

粒子アニメーションによる風向・風速の可視化

教材 Windy.com
https://www.windy.com/

1 この授業で大切にしたいこと

粒子アニメーションによって風向・風速を可視化し、高気圧と低気圧のまわりの風の吹き方を理解できるようにする。

2 使用する教材

「Windy.com」で取り扱っているデータは基本的に予報である。世界各地の気象機関が公表している情報をリアルタイムで分析し、現在から1週間後までの変化を予測したデータが表示されている。Windy.comは図1のように粒子アニメーションや色彩グラデーションで風向・風速を可視化したり、等圧線を表示したりできる（紙面は残念ながらモノクロのため、ぜひWebサイトをご覧いただきたい）。よって、低気圧、高気圧のまわりの風の吹き方を直感的に理解することができる。また、Windy.comはブラウザベースなので、生徒用の端末でも簡単に使用することができる。

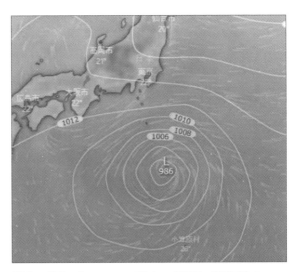

図1　Windy.comの風向・風速・等圧線の表示

図2　Windy.comの設定画面

3 使用の手順

①「windy」でキーワード検索するか、授業支援ツールでリンク先のURLを配付する。

②画面右下（図2）の「気圧」をクリックすると、等圧線が表示される。

③画面右端の「風」を選択すると、風速がグラデーションで色別に表示される。

④注目する低気圧または高気圧の中心を右クリックし、図3の表示が出たら、経度と緯度をコピーする。

図3 Windy.comの位置表示

4 授業の流れ

(1)指導計画

「気象の観測」の内容「低気圧・高気圧のまわりの風の吹き方」では、Windy.comを利用し、低気圧と高気圧付近の風の吹き方を見いだして理解する。「雲のでき方と前線」の内容「前線の通過と天気の変化」では、図4のような温帯低気圧が通過するときの風の吹き方の変化を考える。寒冷前線が通過すると北寄りの風、温暖前線が通過すると南寄りの風が吹くことを、低気圧のまわりの風の吹き方に関連付けて理解する。

「気象の観測」（全13時間）

時間	小項目	内容
4	気象の観測	気象の観測 生徒実験 「天気を調べる」 「気温・湿度をはかる」 「気圧をはかる」 「風向・風力をはかる」 生徒演習 「天気図記号の作図」 「気象要素と天気の変化の関係の考察」
3	大気圧と圧力	大気圧と圧力 生徒実験 「大気圧と空き缶つぶし」 演示実験 「圧力容器と空気の質量」
1	気圧と風	等圧線の読み方と低気圧・高気圧の定義
1		低気圧・高気圧のまわりの風の吹き方【本時】
1	水蒸気の変化と湿度	水蒸気の変化と湿度 生徒実験「コップにつく水滴」

「雲のでき方と前線」（全6時間）

時間	小項目	内容
2	雲のでき方	雲のでき方 生徒実験 「気圧の低いところで起こる変化」
2	気団と前線	気団と前線
2		前線の通過と天気の変化

図4 2022年03月18日21:00の天気図
（tenki.jp、筆者がトリミング）

(2)本時の展開

生徒自身が手元にある端末を操作する。現在時刻の、北半球にある低気圧と高気圧のまわりの風の吹き方をそれぞれ複数観察し、その共通性を見いだして理解する。

第9時「低気圧・高気圧のまわりの風の吹き方」

時間	生徒の学習活動	教師の指導・支援	学びの形態
3分	1 気圧と風に関係があることを知る。	2022/9/30の日本付近の天気図（図1）を提示する。神津島の風向は東北東であること、また風速は青森県よりも大きいこと、これらが等圧線を見れば分かることを伝える。	学級
	課題：地層はどのように重なったり、広がったりしているのだろうか。		
40分	2 低気圧のまわりの風向を見いだして理解する。 ● windyで低気圧を探し、見つけたら、キャプチャする。 ● キャプチャした低気圧とその付近の画像を共有フォルダに保存する。 ● 共有フォルダに保存された画像[2]を見ながら、低気圧のまわりの風向についてまとめる。 3 気圧のまわりの風向、等圧線の間隔と風速の関係も2と同様に行う。	共有フォルダ[1]は生徒全員が見られるものとする。 以下を見いだして理解させるための机間指導をする。 ● 等圧線に沿って風が吹いていること ● 低気圧では反時計回りに風が吹き込んでいること ● 高気圧では、時計回りに風が吹き出ていること ● 等圧線の間隔が狭いほど、風速が大きいこと	1人 Windy 全体 共有フォルダ
7分	4 2022／9／30の日本付近の天気の動画を視聴しながら、本時の学習を振り返る。	動画を授業支援アプリで配付する。再生などの操作しながら、風向・風速を確認させる。	1人

1）共有フォルダについて

図5の通り、ファイル名は低気圧の中心がある場所の緯度・経度とする。緯度は北側が＋符号で、経度は西側が＋符号で表示される。保存されているファイルを名前の順にすることによって、画像の順番が、緯度の大きさの順になる。例えば上から1つ目と2つ目は同じ低気圧の画像であることが分かる。

また、Windy.com内の「場所を検索」で、経度・緯度から、その場所を表示させることもできる。

図5　Windy.comの共有フォルダ

2）共有フォルダに保存された画像

高気圧のまわりの風の風向を見いだすために、windy.comで保存した高気圧の写真を2枚紹介する（図6）。これらを含む共有フォルダ内の複数の画像から、「等圧線に沿って風が吹いていること」「時計回りに風が吹き出ていること」を見いだして理解させる。

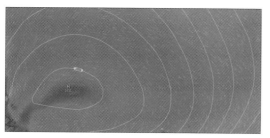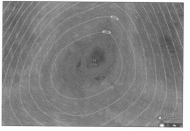

図6　Windy.comの共有フォルダ内に保存された高気圧の画像

4　観察・実験の質を豊かにするために

(1)高さ13.5kmの上空を表示して、偏西風を観察する

　Windy.comでは、地上付近だけでなく上空13.5kmまで調べることができる。よって、①日本の上空には1年中西から東へ偏西風が吹いていること ②地球を取り巻く大気の動きに気付かせることができる。

(2)大陸や海洋の気温を表示して、気団の存在を発見する

　Windy.comでは、温度をグラデーションで色別に表示できる。場所によって、異なる気団ができていることが分かり、シベリア気団とオホーツク気団が比較的冷たいこと、小笠原気団が比較的暖かいことが分かる。

(3)tenki.jpと併用し、前線と前線付近の雲や雨量を表示する

　tenki.jpを併用すれば、前線付近の雲と雨量を理解させることができる。Windy.comでは前線を表示することができない。そこで、tenki.jpを併用する。tenki.jpは、天気予報専門サイトである。tenki.jpでは、前線を表示させることができる。図7のように、生徒用の端末左半画面にtenki.jpの前線を、右画面にWindy.comの雲や雨量を表示する。この手法で、寒冷前線付近では狭い範囲で強い雨が降ることと、温暖前線付近では、広範囲に弱い雨が降ることを理解させることができる。

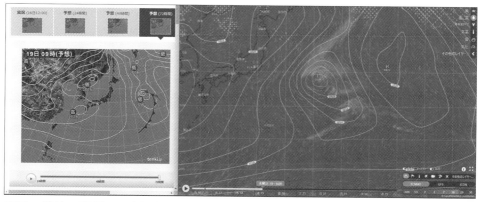

図7　前線と雨量の関係（左：tenki.jp　右：Windy.com）

地球

プラネタリウムソフトを用いた天体の擬似観測

教材 Stellarium Web
https://stellarium-web.org/

1 この授業で大切にしたいこと

　天文分野において、授業中に行える観察や実験はわずかである。夜空の天体の観察を宿題としても、実際に適切に観察できているかを支援することは難しい。天体写真などの観察記録も、実際の空の様子や天体の運動と適切に結び付けることを苦手とする生徒も多い。プラネタリウムソフトを用いて、天体の運動を擬似的に観測させることで、生徒自らが天体の様子の変化に気付けるようにする。また、このような擬似的な観測と連動させて夜空の天体観測を行うことで、実際の観測にも興味が高まると考えられる。

2 使用する教材

　「Stellarium」はオンラインで公開されているフリーソフトウェアで、インストール版とブラウザ版がある。インストール版はWindows、macOS、Linuxで動作し、iOS、Android用のアプリもある。一般公衆ライセンス（GNU）で提供されており、プログラムの使用、改変、複製物の再頒布、改良版の配布が許可されている。

　授業において利用する時にはブラウザ版が最も簡便である。「Stellarium」を検索するか、URLを指定し、それぞれの端末でページを表示させればよい。

図1　Stellarium webの基本画面

端末によっては、英字表記になってしまうが（2023年1月現在）、ブラウザの自動翻訳を用いれば、不正確な部分もあるものの日本語表示になる。

また、本ソフトの以下の点も授業に役立つ。

● 任意の天体を選択すると、詳細なデータ（実際の直径、視直径、実際の大きさ、距離、高度、方位角など）を表示させることができる。

● 惑星や主な衛星は、拡大させていくと表面の様子や満ち欠けの様子を表示させることができる。

● 太陽光の影響をなくすことができ、昼間の天体の様子を表示させることができるため、太陽の年周運動において、黄道十二星座を通っていくことなどを確認できる。

● 地上からの視点しかないため、観察者の視点を移動させて考える場面でも、地球の外からの視点が表示されることなく、生徒自身に考えさせることができる。

3 授業の流れ

(1)指導計画

単元全体を通して、導入や生徒観察として、ソフトを用いた課題の提示や擬似的な観察をする。

観察結果から、時間的・空間的な見方・考え方を働かせ、地球の運動や太陽系の天体とその運動の様子の特徴や規則性を見いださせたり、理解させたりする。

「地球と宇宙」(全19時)

時間	小項目	内容
2	天体の動きと地球の自転・公転	太陽の1日の動き
3		星の1日の動き【本時】
2		天体の1年の動き【本時】
2		地球の運動と季節の変化
3		太陽の様子
2	太陽系と恒星	太陽系のすがた、宇宙の広がり
2		月の運動と見え方
3		惑星の運動と見え方【本時】

(2)本時の展開

第3〜7時「星の1日の動き、天体の1年の動き」

日時の設定で時間を進めさせると、日周運動や年周運動を確認することができる。

細かく観察記録を取らせるときには、地平座標を表示させるとよい（図2）。任意の天体を選択

方位角／高度

地表座標の表示

図2　地平座標の表示

すると、その天体の詳細が表示されるので、方位角、高度を読み取らせ、ワークシートなどに記録させる。

第17時「惑星の運動と見え方」

時間	生徒の学習活動	教師の指導・支援	学びの形態
5分	1 金星について	金星についての基本的な情報（太陽系の惑星、地球よりも太陽の近くを公転している、など）を確認する。	
5分	2 現象を確認する。 3 Stellariumの操作を確認し、金星の観察の仕方を理解する。	教師のPC画面を示し、金星が見える様子を確認する。 画面を示しながら、Stellariumの操作を確認する。 金星を選択し、拡大すると満ち欠けをしていることに気付かせる。	学級
	指示：金星の見え方は日ごとにどのように変化しているかを調べよう		
10分	3 Stellariumを使い、金星の見え方の変化を調べる。	URL等を示し、Stellariumを表示させる。 2023年9月1日4時の東の空にある金星を選択し、満ち欠けが分かるまで拡大させる。1日ずつ日付を進ませ、見え方の変化に気付かせる。	1人 Stellarium
10分	4 観測結果と気付いたことを共有する。 5 課題を把握する。	金星が満ち欠けしていること、見かけの大きさが変化すること、2024年5月中旬ごろには、太陽の光によって観測できなくなることを共有する。	学級
	課題：金星の形や大きさが変わって見えるのはなぜだろうか。仮説を立てて、モデル実験で確かめてみよう。		
15分	6 探究課題について実験計画を立てる。	グループごとに仮説を立て、モデル実験の計画を立てさせる。 金星の見え方をStellariumで確かめながら、考えてよいと助言し、金星が明け方か日没後すぐにしか見えないことにも気付かせる。	グループ
5分	7 実験計画を提出する。	次時に実験で必要なもの、手順などをまとめさせて、提出させる。	学級

　ソフトを用いて夜空の様子、天体の動きを提示することで、天体の見え方の変化に実感をもたせることができる。単元を通してソフトを用いた擬似的な観測を積み重ねていくと、単元の終盤には生徒自身が日時や方角を各自の目的に合わせて変更させながら、天体の見え方の変化を探ることができるようになる。すると、金星のような実際の観測が難しいものであっても、生徒自身が擬似的な観測をし、その結果をもとに仮説を立ててモデル実験を考えさせる、といった探究的な活動が可能になる。

図3　金星の擬似的な観測

図4　金星を拡大して観測日を変えたときの形と見かけの大きさの変化

4　観察・実験の質を豊かにするために

(1) ソフトとモデルの併用で、視点の移動を意識させる

　本ソフトは地上からの視点だけを再現するものなので、ソフトを観測結果として用い、そう見える仕組みを地球の外からの視点で考える時には、図やモデルを用いさせるとよい。ソフトとモデルを行き来することが、視点の変換と連動しているので、生徒自身が今どちらの視点で考えているかを意識させやすくなる。

(2) 観測条件を自由に変更させ、主体性を引き出す

　本ソフトは観測条件を自由に設定できるため、生徒が主体的に学びを深めることができる。例えば日周運動の学習後に「北極では、星はどのように動いて見えるだろうか」と問うと、多くの生徒が北極だけでなくいろいろな場所の日周運動も確かめていた。また、黄道十二星座の学習時には、2000年前には太陽と黄道十二星座の位置関係が、今とは約1か月ずれていることを確かめる生徒もいた。

　天体観測を行うことは実際には難しい。今日の夜空や日食や月食を画面で再現するだけでも、生徒はとても興味をもつ。本ソフトはPC、タブレット、スマートフォンでも使用できるため、珍しい天文現象が起こるときには、各自のデバイスで見え方を調べて観測を行った生徒も多かった。擬似的な観測が実際の観測につながったことは、本ソフトを用いた大きな成果である。

地球

SDO衛星の画像や動画の活用

教材 NASA SDO衛星
https://sdo.gsfc.nasa.gov/

1 この授業で大切にしたいこと

　「地球と宇宙」の単元では、天体望遠鏡で太陽の観察を行って黒点を捉え、その動きや形の変化から太陽の自転や形を考察する。黒点の観察は連続して数日間行うことが望ましいが、天候次第で観察ができなかったり、そもそも黒点自体が存在しない時期に重なったりすることもある。そこで、本事例では黒点の観察記録に加えて、直近の太陽衛星画像や動画と比較することにより、生徒が太陽の特徴を見いだせるようにした。

2 使用する教材

　「SDO（Solar Dynamics Observatory）衛星」とは、アメリカ航空宇宙局（NASA）が打ち上げた太陽観測衛星である。この衛星には3つの観測機器が搭載されており、紫外線及び極紫外線領域の複数の波長を観測する「AIA（Atmospheric Imaging Assembly）」と太陽表面の磁場活動を可視化する「HMI（Helioseismic and Magnetic Imager）」の画像や動画は、SDO衛星のWebサイトで閲覧やダウンロードができる。

3 使用の手順

①二次元コードからWebサイトに移動する。

②トップ画面左側の「More images」（図1・A）を選択する。

③次に表示される画面（Date）で、左側の上から2つ目にある「AIA／HMI Browse Date」を選択する。

④次に表示される画面で、「Dates（図2・B)」の上側に閲覧する観測初日の日付を、下側に最終日の日付を入力する。いずれ

図1　SDO衛星ホームページのトップ画面

も欄を選択するとカレンダーが表示されるので、その中から選択する。なお、選択できる画像の数に上限があるので、ある程度長い期間を選択すると、開始日に合わせて自動的に期間が調整される。

⑤「Telescopes / Wavelengths」(図2・C)で、閲覧する観測機器（AIAまたはHMI）と波長を選択する。

⑥「Choose a format」(図2・D)で、「Browser Display」を選択する（初期設定）。「Movie Download」を選択すると、画像をコマ送り動画のように並べたmp4形式の動画ファイルをダウンロードできる。また、「Frames Download」を選択すると、画像ファイルをまとめたtar.gz形式の圧縮ファイルをダウンロードできる。いずれもダウンロードや解凍・表示に時間を要する場合があるので、利用する場合は教員機のみにするか、生徒に行わせる場合は授業時間外の課題にするとよい。

⑦「submit」(図2・E)を選択すると、選択した期間の画像を並べた動画（図3）を視聴できる。

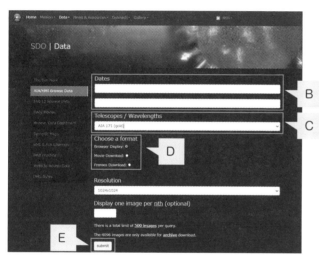

図2　日付、観測機器・波長、形式の選択画面

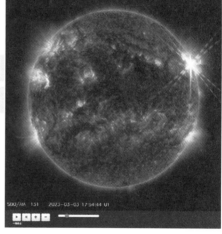

図3　表示された太陽の動画例

4 授業の流れ

(1)指導計画

太陽の観察を行い、その観察記録や資料から、太陽の形や大きさ、表面の様子などの特徴を見いだして理解する。

本時では、前時に行った太陽の観察結果と衛星画像・動画を比較する。

「太陽系と恒星」(全8時間)

時間	小項目	内容
1	太陽の様子	生徒観察「太陽の表面の観察」
1		太陽の特徴【本時】
2	惑星と恒星	太陽系の天体
2	月や金星の運動と見え方	月の動きと見え方
2		金星の動きと見え方 生徒実習「金星の見え方の変化」

(2)本時の展開

天体望遠鏡を使って観察した前時の結果とSDO衛星の画像・動画を比較して、太陽の特徴を

考察する。

第2時「太陽の特徴」

時間	生徒の学習活動	教師の指導・支援	学びの形態
5分	1 前時の復習と課題の把握	前時の結果の確認を促す。	学級 授業支援アプリ
	課題：太陽はどのような特徴をもつ天体なのだろうか？		
15分	2 前時の結果と比較しながら、SDO衛星の画像・動画を自由に視聴する。	URLまたは二次元コードを示す。また、Webサイトの基本的な操作方法を指導する。	1人 SDO衛星
15分	3 気付いたことをグループや学級全体で情報交換する。	グループで情報交換後は、学級内を自由に移動して情報を収集させる。	グループ 学級 SDO衛星
10分	4 前時の結果やSDO衛星の画像・動画から気付いたことを発表する。	生徒から挙げられた内容を共有し、太陽の特徴をまとめる。	学級 授業支援アプリ
5分	5 振り返り	本時の学習を振り返らせて、ポートフォリオに記入させる。	1人 ポートフォリオ

　SDO衛星の画像・動画では、特に以下の2つの点に留意して視聴させるとよい。
- AIAの各画像・動画は、図3のように太陽が光り輝いているように感じられるが、実際はこれらは可視光ではなく、紫外線等の不可視光を可視化処理したものである。
- HMIの各画像・動画で色が変化している部分は、周囲よりも磁場が強い箇所である。前時・本時の学習から、「①太陽には黒点があること」「②黒点は時間の経過と共に移動しており、中央部と周縁部で形が変化して見えるので、太陽が球形であるとともに自転していること」を見い

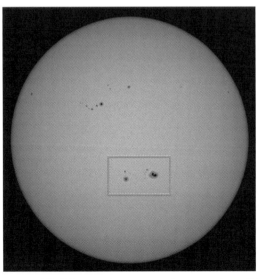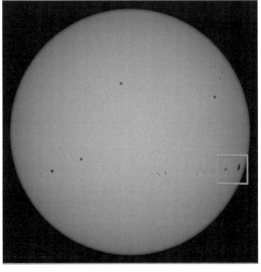

図4　HMI Intensitygram（orange）の2022年12月8日の画像（左）と同年12月12日の画像（右）。枠で囲った部分の黒点が、12日では縦長の楕円形に見える。

だすことができる。特に、前時の結果から①を考察した後に、「HMI Intensitygram（orange）」（図4）を表示すると、②を確認できる。

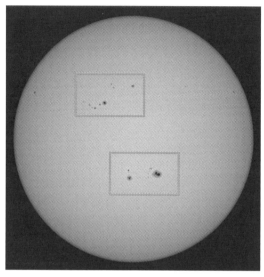 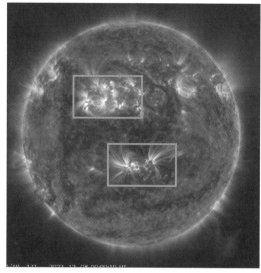

図5　同日のHMI Intensitygram（orange）の画像（左）とAIA 171（gold）の画像（右）。黒点の位置（左）と高輝度（磁場が強い）の部分（右）が一致していることが分かる。

4 観察・実験の質を豊かにするために

(1)これまでにない授業展開

　本事例の特徴は、記録した太陽投影板上の像（黒点）だけでなく、生徒が主体的にクラウド上にあるSDO衛星の画像・動画を入手し、両方を比較して、太陽の特徴を見いだすことである。端末の活用により生徒主導型の学習を実現できるようになった。このとき、複数の端末を並べて使うと、黒点の位置や自転に伴う黒点の形の変化を比較しやすい。

(2)発展的な探究

　SDO衛星の画像・動画を比較すると、「③黒点部分は磁場が強いこと」「④黒点は形が変化したり、発生・消滅したりすること」も見いだすことができる。③は「HMI Intensitygram (orange)」と「AIA 171 (gold)」（図5）を視聴させるとよい。④については、「HMI Intensitygram （orange）」の動画を拡大表示することで確認できる。

図6　前時の結果とHP上の画像を比較する様子

註
Courtesy of NASA/SDO and the AIA, EVE, and HMI science teams.

エネルギー

自分に合うドリル型学習アプリを選択しよう

教材　①スタディサプリ for TEACHERS
②ミライシード　③みんなの学習クラブ

1　この授業で大切にしたいこと

　これまでは紙の問題集を使って知識の定着を図っていたが、今は学習アプリで同様のことができる。ドリル型学習アプリ（基礎的な問題を解いていく学習アプリを指す）を使うと、生徒は正誤がすぐに分かり、苦手な部分の把握がしやすくなる。教師も生徒の学習履歴を確認することができ（図1）、生徒のつまずきや、理解度が低い状態を見つけ、指導することが容易になる。

　本校では、複数のドリル型学習アプリが使用できる状態にあったため、それらを併用して指導した結果について紹介する。本事例では光と音の単元で活用しているが、どの単元でも、知識を定着させるにはドリル型学習アプリの活用が有効であると考えられる。

	教科/単元			実施日時	解答時間	正答率	問1	問2	問3	問4	問5	問6	問7	問8	問9	問10
理 11-2	火山活動と火成岩2		放課後 過末	2023/02/22 20:30	2分 15秒	45%	○	○	✎	○	×	×	×	○	×	×
理 11-1	火山活動と火成岩1		放課後 過末	2023/02/22 20:17	5秒	100%	○	○	○	○	○	○	○	✎	○	○
理 11-1	火山活動と火成岩1		放課後 過末	2023/02/22 20:16	9秒	90%	○	○	○	○	○	○	○	×	○	○
理 11-1	火山活動と火成岩1		放課後 過末	2023/02/22 20:12	3分 42秒	90%	○	○	✎	○	✎	✎	○	×	○	○

図1　生徒の解答状況の様子（ミライシード）

2　使用する教材

　本事例では、「スタディサプリ for TEACHERS」（株式会社リクルート）、「ミライシード」（株式会社ベネッセコーポレーション）、「みんなの学習クラブ」（株式会社日本コスモトピア）という3つのドリル型学習アプリを使用した。以下、それぞれの特徴を説明する。

(1)「スタディサプリ for TEACHERS」

　生徒は、各問に対して選択肢から適するものを選び、学習を進める。生徒が答えると正答が表示され、解説も確認することができる。図2は、教師が生徒の取り組みを確認した際の画面の一部である。生徒が「実像」という

図2　生徒の解答状況を確認したときの様子（スタディサプリ for TEACHERS）

選択肢を選び間違えたことや、１回目、２回目の取り組みで正答率が変化していることも分かる。

スタディサプリは、学習項目ごとに５分程度の動画が用意されており、必要に応じて視聴できることも大きな特徴である。

(2)「ミライシード(ドリルパーク)」

ミライシードの中のドリルパークという機能はドリル型学習アプリとして使用できる。スタディサプリと同様に、問題に対して選択肢から適するものを選び、学習を進める。正答のたびにポイントがたまり、連続正解するとより多くのポイントを獲得できる。ポイントがたまるとランクアップするという仕組みがあり、ポイントをためる楽しさもある。

図3　生徒が正答したときにポイントがつく様子（ミライシード）

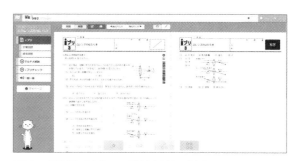

図4　問題（左）と模範解答（右）（みんなの学習クラブ）

(3)「みんなの学習クラブ」

解答の仕方は、穴埋めに適する言葉を入れるものや、説明の文章を記述するものもある。正答が書かれた用紙を見て、丸付けをしていく。問題用紙はA4サイズで印刷して取り組むことを想定してレイアウトされている。教師が印刷して授業で配付して使うこともできるし、生徒自身が印刷して使うこともできる。丸付けは各自で行う。

タブレットバージョンでは、印刷をせずに、タブレット上でタッチペンを使って記述し、記録に残していくことができる。

表1　それぞれのアプリの特徴

	スタディサプリ	ミライシード	みんなの学習クラブ
特徴	学習項目ごとに短時間の動画が用意されている。	解答するごとにポイントがたまる。	穴埋め補充や記述で回答する問題もある。

※スタディサプリやミライシードは解答すると即時に正答が表示される。また、どのアプリも学習履歴が残り、間違えた問題を確認できる。

3　授業の流れ

(1)指導計画

第5時で凸レンズの光軸に平行な光が一点に集まることや、焦点距離についての説明をする。

第6時で凸レンズを使ってできる実像や虚像について調べる生徒実験を行う。第7時では、実験結果のまとめをするとともに、物体の位置による像のでき方の違いについて作図を通して理解することを目指す。第8時では、凸レンズと像の関係について理解を定着させるための授業を行う。

「光と音」（全11時間）

時間	小項目	内容
2	光の反射・屈折	光の反射
2		光の屈折
1	凸レンズの働き	凸レンズの働き
3		凸レンズと像（本時）
1	音の性質	音の伝わり方
2		音の大きさと高さ

(2)本時の展開

第8時「凸レンズと像」

時間	生徒の学習活動	教師の指導・支援	学びの形態
5分	1 本時の目標を確認する。	凸レンズの働きの理解度を高めることが目標であると伝える。	学級
5分	2 これまでの学習の流れを確認する	前時までの学習内容のポイントについて話す。	学級
5分	3 前時の作図のプリントを見返す。	理解が不十分な生徒を把握し、ヒントを与える。	学級
20分	4 プリントの問題や、学習アプリの問題に取り組む。	「みんなの学習クラブ」の問題を印刷したものを1枚配付する。「スタディサプリ」や「ミライシード」に取り組んでもよいと伝える。作図が不十分な生徒はこの時間で指導する。	1人 ドリル型学習アプリ
5分	5 プリントの問題の解説を聞く。	問題のポイントを解説する。取り組みの不十分な生徒を見つける。	学級
10分	6 取り組みの続きと今日の学習の振り返り	各自のタイミングで今日の学習の振り返りに入ることを指示する。取り組みの不十分な生徒に指導をする。	1人

　前時の授業では、物体と凸レンズの距離によってできる像の様子が変わることを、光の道筋を作図することで学習している。しかし、作図が苦手でその意味が把握できていない生徒もおり、生徒ごとに理解度の差がある。そのため、本時では生徒が問題に取り組む時間を十分にとるとともに、作図に指導が必要な生徒を見つけ、それらの生徒に個別に指導することも重視している。

　プリントの問題は5分程度で終わる量にして、解答もつけておく。タブレットを使ったドリル型学習アプリは、タブレット忘れや充電切れの場合には取り組めないので、紙の問題も用意しておき、すべての生徒が取り組める状況をつくるようにする。

　学習アプリを使う生徒へは、「光の反射・屈折」と「凸レンズの働き」の部分の問題に取り組むように指示する。スタディサプリとミライシードの問題すべてに取り組もうとすると、授業内で終わらせるのが難しいので、できなかった部分は家庭学習をするように指示する。クラウド上のデータが蓄積され、教師側からも家庭学習の様子が確認できるので、授業内ですべてを終わらせようとしなくてもよい。また、スタディサプリとミライシードのどちらかを取り組めばよいという指示もしておく。

4　個別最適な学びの充実を図るために

(1)生徒が学習方法を選択できるようにする

　4月から12月までスタディサプリ、ミライシード、みんなの学習クラブを使った125名に、どれが最も役立ったか調査したところ、図5のような結果となった。また、それぞれのよいところを質問すると表2のような意見が出た。

　ドリル型学習アプリは、正答がすぐに確認でき、学習履歴が残る部分などが評価され、役立ったという意見は多い。しかし、一部生徒からは、紙に書く方が使いやすいという意見もあり、生徒によって最適なものが違うことが明らかになっている。

　ICT活用の能力は生徒に身に付けさせたいものであり、タブレットで学習を完結できる生徒も増えてきている。しかし、タブレットの扱いに苦手感が強い生徒もいるため、紙で取り組める選択肢も残した方がよいと考えている。タブレット忘れや、充電切れの問題もあり、複数の選択肢を用意しておくことは常に必要だろう。

　また、生徒によって知識を身に付けるためのルートは違って当然なので、使うものがアプリでも、紙でもよいと考えている。アプリも、難易度や傾向の異なるものが複数あった方がよい。生徒が自分で選べることは、学習調整力ややり抜く力にもつながっていく。

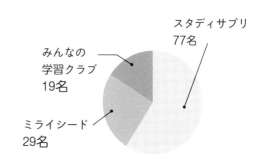

図5　最も役立ったのはどれですか?

表2　生徒が挙げたそれぞれの学習のよいところ(一部抜粋)

スタディサプリ	ミライシード	みんなの学習クラブ
● 問題数が多いところ	● クイズ形式で楽しめる	● ファイルにはさんでずっと残る
● 説明動画がある	● 簡単に問題が解けるところ	● 手で書くから覚えやすい
● 教科書順で使いやすい	● ポイントがたまって、	● 書く方が好き
● スマホでできる	モチベーションが上がった	● 紙の方が勉強しやすい
● 正答率が見られるところ	● 何度も練習できる	

(2)学習の履歴を見取り、適切な支援をしていく

　ドリル型学習アプリは学習履歴が確認できるものが多い。学習履歴を定期的に確認し、取り組めていない生徒がいれば、声掛けをして状況を確認するとよい。ログインができずに取り組めていないというケースなどもあるので、早めにサポートできるようにする。また、短時間でも授業内で課題に取り組ませる機会をつくると、取り組めていない生徒の把握とフォローがしやすくなる。

　また、ドリル型学習アプリの問題は一問一答のように、知識の習得を意図した問題が多い傾向にある。そのため、生徒の状況に応じて、思考力を高める問題を用意するなど、思考力を高めるための指導も重要である。

エネルギー

「力と運動」のシミュレーションから問題を見いだそう

教材 コロラド大学　PhET
https://phet.colorado.edu/ja/

1　この授業で大切にしたいこと

　物体に力が加わると運動の様子が変わることは、1年ですでに学習している。本単元では、力がどのように運動に影響しているかについて学習する。学習指導要領にもある「力が働く（働かない）運動」という表現は、生徒が運動を理解するうえでの大きな壁となることがある。目に見えない「力」と、生徒によってイメージが異なる「運動」という2つの概念を生徒に示すには、段階的な指導が必要である。

　「力が働く（働かない）とはどういうことか」「力の働き方と運動との関係を知るためには、どうすればよいか」について、生徒自らが疑問に思い、問題を見いだしていく場面を経ることで、その後の実験計画、分析解釈といった探究の過程を踏むことが可能となるのである。

　本事例で紹介する「力と運動」の最初の授業は、「学習することの意味」を生徒一人一人に意識付けさせることにおいて大変重要な位置にあると言える。

2　使用する教材

　「PhET」はコロラド大学ボルダー校が無料で公開しているシミュレーション教材である。「物理」「化学」「数学」「地球科学」「生物」のカテゴリーがある。

　新規アプリの導入には制限がかかることも多く、専用アプリをインストールする必要がないブラウザベースの「PhET」は使いやすい。

3　使用の手順

①ブラウザでURLを指定するか、「コロラド大学　実験」「PhET」などでキーワード検索するとヒットする。本事例では、「物理」➡「運動」にある「力と運動：ベーシック」を選択する。

②「綱引き」「直進運動」「摩擦」「加速度」

図1　選択画面

の選択画面が出る（図1）。本事例では「摩擦」を選択する。

③起動直後は、表示されるパラメーター（図2・A）は「力」のみにチェックが入っており、中央の「ヒト」が荷物を押すと、そのときに荷物に加わっている力が表示されるようになっている（図3・中央）。

④力の加え方に関しては、画面下の「調節バー」（図2・B）もしくは、「ヒト」をクリックしながらドラッグすることで、特に説明せずとも、生徒は感覚的に操作できる（図3）。

⑤画面右上（図2・A）には、「摩擦調節バー」があり、地面の摩擦係数を調節することができる。バーを最左端にすると地面が氷に変化し、地面と荷物の間に摩擦がない状態を再現することができる（図3）。

⑥力を加える荷物は、変化させたり追加したりすることができる。画面下に置いてある荷物やヒトのアイコンを、ドラッグ&ドロップで移動・変更する。これも特に操作説明せずとも、生徒は感覚的に行う。荷物と交換可能なアイコンは、「冷蔵庫」「もう一つの荷物」「子ども」「大人」「ゴミ箱」「プレゼント」の6種類である（図2・CとD）。この中で「プレゼント」だけは、質量が分からないようになっている（図3）。

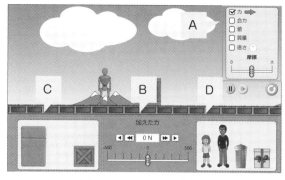

図2　力と運動：ベーシック『摩擦』の初期画面

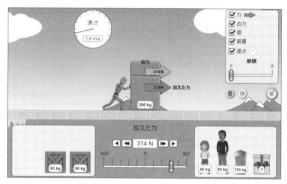

図3　荷物に力を加えたシミュレーション画面

4　授業の流れ

(1) 指導計画

「物体が受ける力とその運動にはどのような関係があるのだろうか」という課題を

「力と運動」全8時間

時間	小項目	内容
1	課題設定	物体が受ける力と物体の運動の関係性に問題を見いだし、課題を設定する。【本時】
1	運動と速さ	身近な物体の運動の様子を調べる実験を行い、記録タイマーの正しい操作と物体の運動の様子を定量的に記録する技能を身に付ける。
3	力がはたらき続ける運動	傾きを変えた斜面などを使って、力学台車の運動の様子を調べる実験を行い、実験の結果を分析して解釈し、水平面に対する斜面の傾きと速さの変わり方の規則性を見いだす。
2	力がはたらかない運動	物体に力が働かないときや、力が働いていてもそれらがつり合っているとき、物体は静止し続けるか等速直線運動をすることを理解する。
1	作用・反作用の法則	物体に力を働かせると、2つの物体が互いに力を及ぼし合う（作用・反作用）ことを理解する。

単元の最初に見いださせることで、単元中に行う記録タイマーや台車の実験の必然性を生徒に理解させることができる。

(2)本時の展開

第1時「物体が受ける力と物体の運動の関係性に問題を見いだし、課題を設定する」

時間	生徒の学習活動	教師の指導・支援	学びの形態
5分	1 問いに対して、回答を考える。	回答例を示す。	
	発問：モノを押すゲームを作りたい。どんなゲームが考えられる？		
	予想される生徒の反応 ●押す速さを競う。 変える条件：加える力の大きさ 揃える条件：モノの重さ	例）モノを引くゲーム 変える条件：引く力の大きさ 揃える条件：綱を引く人の数	1人
10分	2 押す運動を表現するときの要素（パラメーター）を発表・共有する。 「加える力の大きさ」「物体の質量」「押された物体の速さ」 3 試作品ゲームアプリ「Push＆Go」の説明を聞く	「運動」のゲームを作ろうとした場合、運動の様子を決定するための要素を決めておく必要があることを理解させる。	学級
20分	4「ゲームアプリ「Push＆Go」の攻略本を作成せよ」という指令に取り組む。	「PhET」の「力と運動シミュレーション」を用いる。	
	生徒が取り組む課題（1つ以上取り組むこととする）※生徒の反応例 LEVEL1「極力小さな力で冷蔵庫を動かせ！」 ※摩擦力よりも大きな力で押す。 LEVEL2「50kgの箱を一定の速さ（20m/s）で動かせ！」 ※摩擦がある状態で押す力を調整し、 ちょうど20m/sのときに摩擦力と押す力の合力をゼロにする。 LEVEL3「プレゼントの質量を求めよ！」 ※摩擦力を一定にして、いくつかの物体を押す。 質量が同じであれば、「合力＝0」になるときの摩擦力が同じ。		1人 PhET
10分	5 まとめ 指令に取り組むことで生じた気付き・疑問をワークシートへ記入する。 **気付きの例** ●摩擦がない環境だと、小さな力でも質量が大きい物を動かすことができる。	集めたワークシートをもとに、見いだされた問題を集約し、課題を設定する。 設定した課題は次時に共有する。	1人
	設定した課題例 「運動の向きに力を受けていない（合力＝0）物体は、どのような運動をするのだろうか」 「運動の向きに力を受け続けている（合力≠0）物体は、どのような運動をするのだろうか」		

(3)生徒の気付き

本時の展開5では、指令に取り組むことで生じた気付きや疑問を以下のようにまとめた生徒がいた。

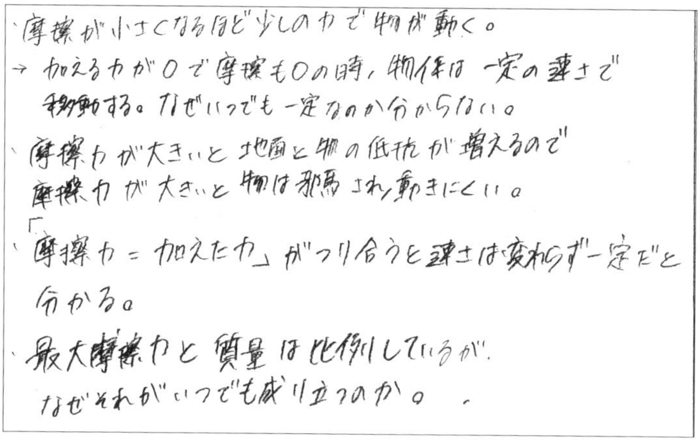
・摩擦が小さくなるほど少しの力で物が動く。
→加える力が0で摩擦も0の時、物体は一定の速さで
移動する。なぜいつでも一定なのか分からない。
・摩擦力が大きいと地面と物の抵抗が増えるので
摩擦力が大きいと物は邪魔され、動きにくい。
・「摩擦力＝加えた力」がつり合うと速さは変わらず一定だと
分かる。
・最大摩擦力と質量は比例しているが、
なぜそれがいつでも成り立つのか。

図4　生徒の気付きの例

5 個別最適な学びの充実を図るために

(1) 主体的に問題を見いだせるような環境づくり

生徒が主体的に「問題を見いだす」ためには、生徒が問題を見いだしやすい「興味深い現象」の観察が不可欠である。興味深さに加え、生徒一人一人が自由に試行錯誤できる時間を設けることも大切である。生徒が思考と試行を繰り返す時間の中から「気付き」や「疑問」が生み出される。

本時における「興味深い現象」として、「PhET」内のシミュレーション教材を用いる。本サイト内にある「力と運動シミュレーション」は、人が物体を押すときの、力の大きさ、地面の摩擦、物体の質量等のいくつかのパラメーターを変化させることによって、物体の運動の様子を模擬的に示すことができる。

本時では、「PhET」を操作することで解決可能ないくつかの課題に取り組むことを通して、生徒が「運動と力」の関係について問題を見いだしていく。

(2) 主体的に情報を活用する力

「モノを押す運動」だけを取り上げても、その運動を表現するための要素（パラメーター）が数多く存在する。「加える力の大きさ」「物体の質量」「押された物体の速さ」「地面の摩擦」「モノの形」等である。本時では生徒に、課題を解決するために必要な要素に気付かせ、それらをコントロールしていく力を養いたい。

これら「運動を表現するための要素」「運動と力の関係」といった情報を主体的に活用していくことが、本単元の本時以降の目標の一つとなる。目に見えない「力」を用いて、様々な「運動」を表現していくためには、情報活用能力の育成が欠かせない。

註
コロラド大学 PhET：https://phet.colorado.edu/ja/Simulation by PhET Interactive Simulations, University of Colorado Boulder, licensed under CC-BY-4.0 (https://phet.colorado.edu).

3 3年／中和と塩

粒子

写真や動画で実験結果を残し、考察に生かそう

教材 ロイロノート・スクール

1 この授業で大切にしたいこと

　観察・実験では、課題を解決するために適切に記録し、考察を行うことが重要である。生徒一人一人が結果を記録する個別実験が望ましいが、実験器具の数や時間の都合でグループ実験として実施している現状がある。しかし、課題に合った記録を残せずに他のメンバーの結果を参考に考察したり、別の事象を記録に残して考察したりする場合がある。

　そこで、端末を使って記録を残すことで、個別実験と同様にしっかりと観察・実験に取り組めるようにしたい。また、観察・実験の経過を振り返り、メンバーの結果と比較することで結果の見直しや実験を振り返ることが可能である。

2 使用する教材

　本事例では、端末（iPad）とロイロノート・スクール（以下、ロイロノート）を使用した。ロイロノートは、生徒と先生が自分のノートを作成し、写真、動画、コンテンツ、記録などをデジタルのノートに記録できる教材である。「比較する」「分類する」「関係付ける」など、考えるときの様々なパターンに対応した思考ツール（シンキングツール）が含まれている。

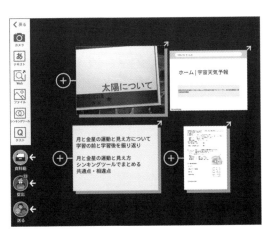

図1　授業で使用するパワーポイントやカードの例

3 授業の流れ

①ロイロノートでクラスを選択し、ノートを開く。整理がしやすいように、ノートの名前には授業の日付を入れておく。

②授業で使用するパワーポイントのスライド、課題等を説明したカード、ワークシートなどをノートに貼っておく（図1）。パワーポイントのスライドは、PDFにするとノートに貼ることができる。

③端末のカメラ機能で写真や動画を撮影し、ノートに保存することができる（図2）。また、テストやアンケートなどを実施することもできる。

④資料箱には授業で使用するカードや資料を保存することができ、すぐにノートに表示して使用できる。また、生徒は課題を提出し、教師は課題を添削して生徒に返却することができる。カード、シンキングツール、PDFは「送る」で生徒全員または個人に送ることができる。

⑤シンキングツールには複数のパターンが用意されており、教師がシンキングツールを選択してノートに置くことで生徒に配付したり、生徒自身が自由に選んでノート上で作成したりすることができる（図3）。シンキングツール上に文字、写真、図を入れたカードを置き、記入しながら整理ができる。また、カードの色を変えることで、比較しやすくなる（図4）。

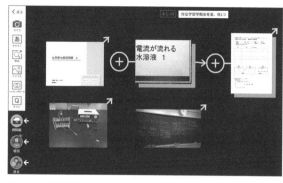

図2　実験器具、板書の写真をノートに保存した例

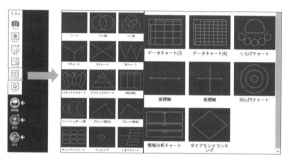

図3　シンキングツールの選択方法と種類

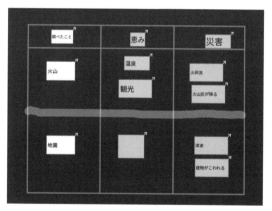

図4　自然の恵みと災害（大地の変化）においてシンキングツールの表を使用した例

4　授業の流れ

(1)指導計画（「中和と塩」全8時間）

　酸とアルカリの性質を調べる実験を行い、酸とアルカリのそれぞれの特性が水素イオンと水酸化物イオンによることを理解できるようにする。さらに、中和反応の実験を行い、酸とアルカリを混ぜると水と塩が生成することを理解できるようにする。

(2)本時の展開

　第6時では、ロイロノートのカメラを使って水溶液の変化の様子を撮影し、結果の記録としてロイロノートに保存し、学級内で共有する。第7時では、中和で生成した塩（塩化ナトリウム）結晶の写真を撮影し、前時の水溶液の変化の写真や動画もあわせて考察し、まとめを作成する。

第6時「水溶液の変化の様子を撮影し、記録する」

時間	生徒の学習活動	教師の指導・支援	学びの形態
5分	1 課題を把握する。	酸とアルカリそれぞれの特性が水素イオンと水酸化物イオンによることを振り返る。	学級
	課題：酸とアルカリの水溶液を混ぜた液の性質を調べよう		
10分	2 説明を聞きながら実験の目的、方法、「ロイロノート」の使用方法を理解する。	水溶液の変化の様子を写真と動画で撮影することを伝える。	学級 ロイロノート
20分	3 中和の実験を行う。	水溶液の変化の様子の記録と、水溶液の性質を関連付けられるように助言する。	1人 グループ ロイロノート
10分	4 結果から考察をまとめる。	ロイロノートで、学級全体に情報共有する。	学級 ロイロノート

第7時「結晶の写真を撮影し、中和と塩について考察する」

時間	生徒の学習活動	教師の指導・支援	学びの形態
5分	1 課題を把握する。	酸とアルカリの水溶液を混ぜた液の性質の変化を振り返る。	学級
	課題：酸とアルカリの水溶液を混ぜた液の性質から、中和と塩についてまとめよう		
10分	2 結果の振り返りと、水を蒸発させた後の結晶を観察し、記録する。	結晶の写真を撮影し、保存する。	学級 ロイロノート
20分	3 結晶の特徴から塩が塩化ナトリウムであることを確認し、その性質を考察する。	ロイロノートで、学級全体に情報共有する。	1人 グループ ロイロノート
5分	4 まとめ	実験のワークシートをロイロノートで提出するように指示する。	学級 ロイロノート

5 個別最適な学びの充実を図るために

(1) 現象の変化を見逃さず記録し、知識の定着と技能の向上を図る

　第6時では、中和の実験でのBTB液の水溶液の色の変化をもとに水溶液の性質を調べる実験である。実験中には水溶液の色の変化には注目できるが、水溶液の性質と関連付けて考察を導き出すことが難しい現状がある。そこで、実験の様子を動画と写真で撮影し、知識の定着と技能の向上を図ることをねらいとした。

　まず、予備実験から駒込ピペットの使用方法と水溶液の変化の様子の動画をロイロノートで撮影しておき、その動画を用いて教師が実験方法を説明する（図6）。生徒にも同様に、ロイロノートに実験中の水溶液の変化の様子を撮影しておくように指示し、考察を行う際には動画を再生

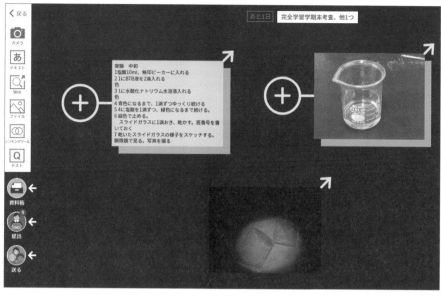

図5　教師のノート

図6　駒込ピペットの操作の動画

して、色の変化と水溶液の性質を関連付けてグループで検討できるようにした。実験中には、駒込ピペットの操作の動画を複数回確認しながら、適切に操作を行おうとしている姿が見られた。

　このように、実験の結果を再現することが難しい場合は、動画や写真を撮影しておき、その記録を繰り返し視聴することで、課題を解決するための十分な考察が可能になり、知識の定着を図ることができる。さらに、駒込ピペットの操作の動画を見ながら、グループで適切な使用方法を話し合い、技能の向上を図ることができる。

(2)記録の共有から、知識の定着を図る

　第7時では、中和でできた塩の物質について考察を行うが、中和では塩化ナトリウムと水ができていることを、根拠を示して考察することが難しい。そこで、塩化ナトリウムの結晶の写真を撮影して自分のロイロノートに保存し、教師に提出するよう指示した。「提出箱」の写真は教師

が確認できるだけでなく、共有機能を使って他の生徒に見せることもできるため、結晶の特徴に着目しながら塩が塩化ナトリウムであることを考察できるように促した（図7）。

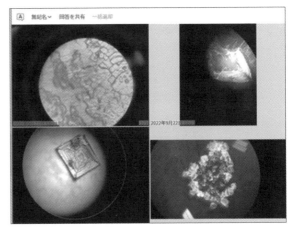

図7　塩化ナトリウムの結晶の写真を共有した画面の例

このように、生徒が写真を撮影しロイロノートに提出することで、教師はそれらの写真を一覧として見ることが可能であり、課題の解決状況を瞬時に見取ることができる。さらに、生徒間で写真を見ることができる共有機能を使うと、他の生徒の写真も見ながら結晶の形に共通点を見いだし、物質の特徴をグループで話し合う活動も可能となるため、協働的な学びの充実を図ることもできる。

(3) シンキングツールを活用し、個に応じた探究的な学びを促す

普段の授業において、「学んだ知識を活用できること」「日常生活との関連を見いだすこと」をねらいとして、ロイロノートのシンキングツール機能を使い、まとめるという課題を行っている。定期考査だけでなく、授業中や家庭で継続的に取り組むことで、個に応じた探究的な学びを促すことができる。

表1は、各学年の課題の例を示したものである。また、1時間の授業ごとに「気付き」と「新しい疑問」をロイロノートのカードに記入し、中単元の範囲の提出箱を用意し、生徒がカードを提出できるようにした。これによって、再提出の機能を生かした振り返りが可能となり、知識の習得、事

表1　シンキングツールを活用した課題の例

学年	課題の例
1	●身のまわりの製品から金属と非金属を見つけよう。 ●大地の変化の学習から、自然の恵みと災害をまとめよう。
2	●圧力・気圧について考え、身近な例をまとめよう。 ●「コップに水滴がつく、つかない」例を身のまわりの製品からまとめよう。 ●放射線が活用されている例を見つけよう。
3	●中和と塩が活用されている例をまとめよう。 ●放射線が活用されている例について、放射線の特徴を明らかにしてまとめよう。

象同士の比較、関連付けや、見いだした考察の検討、改善の様子について、生徒と教師の双方で確認をすることから、個に応じた探究的な学びを促すことができる。さらに、課題ごとにロイロノートのシンキングツールを選び、学習した知識や考察を記入し、課題に合わせた考察や調べ学習の内容を記述することから、小学校で身に付けた主体的に問題解決しようとする態度を「気付き」として明確にし、「新しい疑問」を作り出す過程を経て、中学校においても探究的な学びが継続できるようにした。

1年「大地の変化の学習から、自然の恵みと災害をまとめよう」の課題では、災害の記述の多さに着目して、デメリットをメリットに変える研究の存在について、疑問として述べている。2年の「圧力、気圧について考え、身近な例をまとめよう」の課題では、圧力と気圧の原因に着目

して記述するように助言をした。簡易真空装置の実験をもとにして「気圧」の原因である大気の存在を明確にするとともに、高気圧と低気圧の違いについて着目して、低気圧の上昇気流や雲が多いことから上空の気圧について考えようとしている記述が認められた。3年「中和と塩が活用されている例をまとめよう」の課題では、食品や洗濯などの日常生活の例を挙げながら、酸とアルカリの特徴を明確にしようとする記述が見られた。また、炭酸水の例から、1年の「気体の性質」「大地の変化」、2年の「化学変化」「光合成での二酸化炭素の発生」「呼吸での二酸化炭素の使用」の記述から、学習の振り返りが見られた（図8）。さらに、作成したシンキングツールを使ってグループで発表を行い、自分の考えや他者の考えを踏まえながら、検討したり改善したりすることを促した。

このように、観察・実験を通して得た知識を活用しながら日常生活の事例を探し、事象同士の共通点や相違点を見つけて表現する活動は、ロイロノートのシンキングツールを活用することで、個に応じた活動として促すことができる。

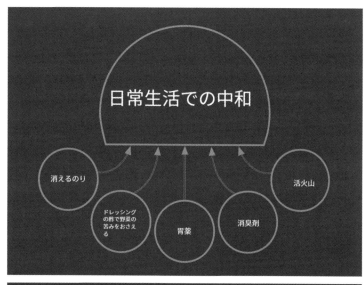

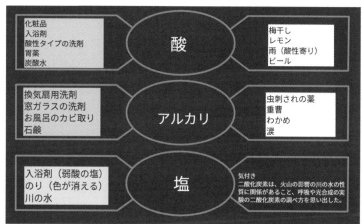

図8　シンキングツールを活用した中和のまとめの例

生命

いろいろな動物の頭部を見比べて共通点と相違点を見つけよう

教材 Animal Photo Art References Search
https://x6ud.github.io/#/

1 この授業で大切にしたいこと

　本単元の学習について、学習指導要領では「身近な動物の外部形態の観察を行い、その観察記録などに基づいて、共通点や相違点があることを見いだして、動物の体の基本的なつくりを理解すること。また、その共通点や相違点に基づいて動物が分類できることを見いだして理解すること」とあり、動物の外形観察を行うとされている。しかし特徴を踏まえて観察することは難しい。気付いてほしいポイントに目を向けやすくなるような工夫が必要である。

　そこで本事例では、ほぼ同じ角度からの頭部の画像を複数示すことで、ある程度の絞り込みを行った状態の観察を行うようにする。その状態で目・鼻・耳の付き方や頭骨との関係、動物種の類似性・相違性について気付けるようにする。

2 使用する教材

「Animal Photo Art References Search」は無料公開されているWebサイトである。左側にある頭骨の3Dモデルを回転させ、その頭骨と同じ向きの動物の頭部画像を検索、表示するものである。3Dモデルはアメリカ合衆国・オレゴン州立大学のものを用いている。

　サイトは英語だが、そこまで難しい単語はないため、一度習得してしまえば、混乱は少ないだろう。

3 使用の手順

①ブラウザでURLを指定し、アクセスする。

②初期状態では、狼の頭骨（Wolf Skull）（A）が選択されている。（図1）。この状態で頭骨をドラッグすると、頭骨の向きを変えることができる（B）。

③左上にある「Species」にはanyが選択されている（C）。こ

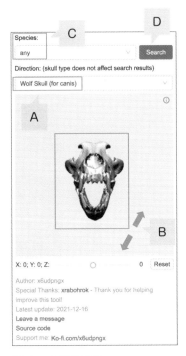

図1　初期画面

れは検索して出力される動物種が限定されない状態である。特定の動物種に限定して検索することもできる。

④検索ボタンを押すと（D）、画面の右側に頭骨の向きと同様の動物の画像が表示される。（図2）

⑤各画像をクリックすると、それぞれの画像が拡大表示される。ただし、検索結果の画像はそれぞれの画像の一部分を拡大表示しているため、全体の中から拡大部分を探す必要がある。

⑥頭骨の向きを変えて（B）検索することを繰り返し、頭部の各器官の特徴（目・鼻・耳の形や付き方など）を複数の動物種について見ることができる。（図3〜6）

図2　anyで検索した結果の画面

図3　頭骨を横向きにして検索した結果

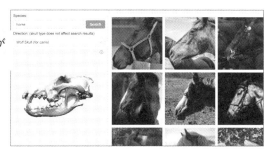

図4　頭骨を左向き、動物種をhorseに限定した結果

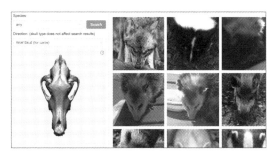

図5　頭骨を上方から見た向きにして検索した結果

図6　こんな角度でも探してくれる

4　授業の流れ

(1)指導計画

入学してすぐの4月には、どの学校でも生物分野を扱うことが多いだろう。その際には、外形

観察から生物の分類という流れをとっていると考えられる。校内を含めた身近な生物の観察を行うためには、春に行うのが都合がよいからであろう。十分な観察のため、ルーペの使い方やスケッチの仕方を学習する。その上で、自らの生活場所のいろいろなところにどんな生物が生活しているのかを実感をもって理解できるようにする。

「生物の観察」（全4時間）

時間	小項目	内容
2	校庭や 学校周辺の 生物の観察	ルーペの使い方、スケッチの仕方 観察「校庭周辺の生物の観察」
1		生物の特徴と環境を関連付けて表現する
1	生物の分類	生物を特徴で分類する【本時】

　本時では、生物を分類するときに用いる特徴を生徒自らが頭骨を操作しながら切り替え、たくさんの画像の中から具体的に分類できるようにする。

（2）本時の展開

　生徒自身が手元にある端末を操作し、頭骨とほとんど同じ方向を向いた動物の画像を見比べることで、生物の特徴を用いた分類を行う。

　生徒は、動物の画像を見て気付いたことをカードにまとめる。すべてのカードを提出することで、取り組みの評価にも使用することができる。またグループ内での相互発表の際にも、カードを示しながら説明することで、見方・考え方の共有がしやすいだろう。

　目・鼻・耳などの感覚器官ごと、肉食動物・草食動物などの動物種ごとに、カードを色分けすることも考えられる。前時までの学習と連動して、授業展開を工夫したい。

　それぞれの観点に対する気付きは、外形の観察に関して生物の特徴を示す内容となる。授業の終末でそれを学級全体で共有化し、まとめとする。

第4時「生物を特徴で分類する」

時間	生徒の学習活動	教師の指導・支援	学びの形態
5分	1 課題を把握する。	生物の分類と特徴の関係を説明する。	学級
	課題：生物の特徴から、どんな風に生物を分類できるか、自分の言葉で説明しよう		
5分	2「Animal Photo Art References Search」の画面を見ながら、基本的な使い方を聞く。	画面を表示し、使い方を説明する。	1人 Animal Photo Art References Search
10分	3 気付いたことを1人でまとめる。	気付きをカードでまとめ、提出箱に提出させる。書けない生徒には、それぞれの部位を示して思ったことを表現させるように机間指導を行う。	1人 ロイロノート
10分	4 気付いたことをグループで情報共有する。		グループ ロイロノート
15分	5 グループごとにまとめ、発表する。	ロイロノートで学級全体に情報共有する。	学級 ロイロノート
5分	6 振り返り		1人 Forms

草を食べている動物は目と鼻が遠い	→	どの動物も目は2個。目は前か横についている	→	毛に模様がある動物とない動物がいる

〔似ているところ〕
毛がある
鼻と口の感じが同じ
目・鼻・口の個数

〔違うところ〕
正面から目が見える・見えない
目が顔の横にある

目が飛び出ている

どこでも見えそうな目をしている

黒目の部分が横（ネコと違う）

鼻がない　　　　毛がない

図7　ロイロノートのカード例

5　個別最適な学びの充実を図るために

(1)自由な試行で、生徒の気付きを支援する

　生物の分類を行う際に、基本となるのは外形観察である。植物では校内の草木を用いることが多いだろう。多種多様とまではいかないだろうが、一定の種類の植物を手に取って見たり、写真を撮ったりできる。花や葉を集めて押し花標本をつくることもできる。

　しかし動物の場合、身近で十分な観察を行うことは難しい。校外学習等で動物園に行くことは可能である。その場合でも、1日の活動の中で実際の観察に使える時間は少なく、ましてやたくさんの動物を観察して比較することは困難である。第2章①8の「動物園による動画配信」の活用を検討してもよいだろう。実際に動いている動物の姿を観察できるのは利点である。

　ほかにも、様々な動物画像をカードにして配付したり、黒板やプロジェクタ等で提示したりすることもよく行われる。その際、特徴を提示することは生徒の気付きを限定することにつながるし、何も示さない場合は気付きが明確にならないこともあるだろう。そんなとき、本Webサイトで表示される同じ構図の多種多様な動物画像は、外形を観察する有用な教材となりうる。しかも頭骨部分に限定する本事例では、生徒の視点を焦点化することで、気付きを支援することができる。

(2)グループや学級での共有を通して様々な見方に触れ、自由な発想を培う

　分類の仕方は、見方・考え方によって異なるものである。しかし、生徒の学習に対するイメージは「答えは1つ」であり、正解を求めたり知りたがったりする。自分なりの意見をもって他者と関わることは、今後の学習にも重要な要素である。他者の意見を取り入れたり、刺激を受けて新たな発想を得たりすることは、この先の学習でも求められるため、生徒が考えを自由に表現できる授業を展開したい。

　参考となるものを一つ挙げると、NHK for Schoolの「ACTIVE10」に分類を扱った回がある。その中では、動物園の飼育員や研究者などの立場ごとに動物の分類の仕方が異なり、それぞれの立場の違いや注目する箇所によって、分類の答えは異なるものであると端的に示されている。

単細胞生物は「単純な生物」か?

教材 ロイロノート・スクール

1 この授業で大切にしたいこと

「生物の体のつくりと働き」の学習では、そのほとんどが多細胞生物を前提とした内容となっている。そして、わずかに単細胞生物について触れる場面では、「細胞が一つの生物を単細胞という」のような定義と、ミドリムシやミカヅキモ、ゾウリムシなどの代表的な生物を紹介する程度で終わってしまうところではないだろうか。

一方、単純で深く物事を考えない人のことを、「単細胞」と表現することがある。ここには単純だとか、あまり高度でないというような軽く見下すニュアンスがある。

しかし、単細胞生物をしっかり観察していくことで、その複雑な体のつくりと動き方に気づき、決して単純なものではないことが分かる。

たった一つの細胞で生きるためのあらゆる活動を行っている単細胞生物の精妙さに気付かせ、生命尊重の態度を養いたい。

2 使用する教材

本事例では、ロイロノート・スクール（以下、ロイロノート）を用いて、以下の4つの発問が1つずつ記載されている4枚のカードを、授業の最初に生徒に送信しておく。また、「提出箱」も準備しておく。

●「単細胞生物」ってどんな生物?

●単細胞生物は、本当に「単純な生物」だろうか。

●もう一度「単細胞生物」ってどんな生物?

●単細胞生物についての自分の考えの変化について感じたこと、考えたことを書きましょう。

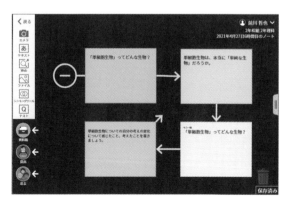

図1 ロイロノートの画面

3　授業の流れ

(1)指導計画

　細胞を顕微鏡で観察し、動物細胞と植物細胞のつくりを比較しながら捉える。また、多細胞生物と単細胞生物などについて知る。そのうえで、本時では単細胞生物を観察し、単細胞生物が一つの細胞で様々な働きをしていることを見いだし、単純な動物であるか考える。

「生物と細胞」（全5時間）

時間	小項目	内容
2	細胞のつくり	細胞の顕微鏡観察
1		動物細胞と植物細胞のつくり
1	多細胞生物と単細胞生物	組織や器官、多細胞生物と単細胞生物、細胞の呼吸
1		単細胞生物は「単純な生物」か？【本時】

第5時「単細胞生物は『単純な生物』か？」

時間	生徒の学習活動	教師の指導・支援	学びの形態
7分	1 単細胞生物はどんな生物か思い出し、そのイメージを1枚目のカードに入力し、発表する。	「送る」機能で、各生徒にカードを送る。発言する生徒のカードを全体に提示する。生物学的な定義と、俗に言われる意味の2つを確認する。	学級 ロイロノート
3分	2 課題を把握する。		
	課題：単細胞生物は、本当に「単純な生物」だろうか。		
15分	3 デジタル顕微鏡でミドリムシやゾウリムシを観察する。	形や動きなど、視点をもって観察するよう促す。	グループ
5分	4 課題について考えたことを2枚目のカードに入力する。		1人 ロイロノート
10分	5 意見を共有する。	発表したい生徒のほか、教師側から見て面白い意見などを書いている生徒を指名する。	学級 ロイロノート
4分	6 単細胞生物はどんな生物かもう一度振り返って考え、3枚目のカードに入力する。		1人 ロイロノート
2分	7 自分の書いた1〜3枚目のカードを眺める。	自分の「単細胞生物」に対するイメージに変化はなかったか問いかける。	1人 ロイロノート
4分	8 単細胞生物についての自分の考えの変化について感じたことなどを振り返り、4枚目のカードに入力する。	単細胞生物の巧妙さや奥の深さについても触れたい。	1人 ロイロノート

(2)本時の展開

　単細胞生物は単純な生物か、という課題意識をもって、実際にミドリムシやゾウリムシを観察して考察し、生徒自身がもつ単細胞生物のイメージの変化を捉える。

　授業の流れに沿って、ロイロノートのカードを4枚入力していく。カードは分別がしやすいように色を変えてある。

4 個別最適な学びの充実を図るために

(1)観察道具は、あえて片付けない

　今回の授業では、中盤で観察が終わるものの、あえて顕微鏡などの観察道具は片付けず、机にそのまま残しておいた。

　これはその後に、他の生徒が発表した自分が気付かなかったことや、「あれ、どうだったかな」と思ったことを、いつでも再確認して、自分の中で納得できるようにするためである。これらを残しておくことで、他者の意見や自分の中でのあやふやな部分を、はっきりと自分のものにすることができる。

図2　ロイロノートに入力する
　　　生徒

　今回の授業では、例えば「ミドリムシに1本長い毛のようなものがあった」というある生徒の発言に、「え、そんなのあった？」と別の生徒が反応し、二人でデジタル顕微鏡の画面を見て、「ほら、これがそう」「え？これか～、よく見つけたな」というやりとりがあり、見づらいために発見できなかった鞭毛を確認することができた。

(2)多様な意見を工夫して提示する

　2枚目のカードは、教師側で発表者のカードを画像配信しながら、生徒の意見を発表した。ここで、どのようにカードを提示するかが授業者の腕の見せ所でもある。ロイロノートの提出箱に集まった生徒のカードを見ながら、どれを紹介しようかと選ぶのは時間がかかるため、机間指導時に観察や入力をしている生徒のつぶやきを拾って、誰の発言を、どのような順番で取り上げるかを考えた。

　単に一人ずつ提示する以外に、例えば、同じ「単純な生物だと思わない」という意見でも、「形が単純でない」「動きが単純でない」など、別の視点をもつ生徒のカードを並べて示すなど、生徒がより深く考えられるような提示の仕方を工夫したい。多様な視点の意見に刺激を受け、さらに自分の考えを深めるきっかけにしたい。

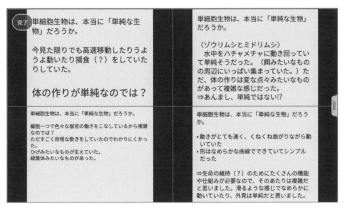

図3　視点の異なる意見を並べて提示

(3) 個人内評価を生かす

　評価といえば観点別学習状況の評価ばかりに気を取られがちだが、観点別学習状況の評価にな

じまない「人間性」を個人内評価すること
も大切である。単細胞生物の観察を通し、
単細胞生物の体や動きの巧妙さ、生物の奥
の深さなどに気付いた生徒や、ひいては生
命を尊重しようという気持ちの芽生えが見
られた生徒には、その点を指摘し、評価す
る声かけやコメントを、画面越しだけでな
く生徒の顔を見て返していきたい。

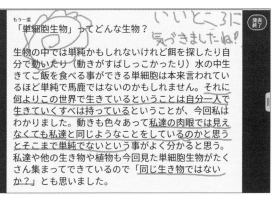

図4　個人内評価の例

参考文献
前川哲也編著『授業をぐ〜んと面白くする中学理科ミニネタ＆コツ101』学事出版,2016

2年／生命を維持する働き

生命

オンラインクイズで生物単元の知識を習得しよう

教材 ①Kahoot（カフート）
https://kahoot.com/ja/

 ②Quizlet（クイズレット）
https://quizlet.com/ja

1 この授業で大切にしたいこと

　生物単元では、覚えなくてはならない用語も数多く出てくる上に、似たような用語や表現も多く、繰り返し学習する必要がある。

　このオンラインクイズを用いれば、自主学習として繰り返し取り組んだり、学級全体でテレビのクイズ番組のように競ったりすることもできる。

　また、生徒自身がクイズを作ることで、思考力や表現力を高めることにもつながる。

2 使用する教材

　「Kahoot!」（カフート）は、ノルウェー発のeラーニングプラットフォームである。オンライン上で４択クイズを作成し、作成した問題に対して、ログインしたメンバー100人まで同時に取り組むことができる。

　教員はアカウントをとる必要がある。学校で配付されたアカウントでも個人アドレスでも、問題を作成できる。

　生徒はアカウントが不要で、作成した問題の「コード」を同時に入力することで参加することができる。

図1　ホーム画面

3 使用の手順

①二次元コードからWebサイトを開き、アカウントを作成する。日本語を選択すると、日本語で閲覧ができる。

②右上の作成ボタン（図1・A）を押すと、クイズの種類を選択する画面が出てくるので、「新しいkahoot」内の「空白のキャンバス」ボタンを押す。

③クイズを作成する画面が出てくるので、問題と４択の答えをそれぞれの場所に打ち込む。問題には写真や表を挿入することもできる。また、写真を解答にすることもできる（４択のクイズ

形式だけでなく、〇×問題や短答式にも対応している）。

④選択肢の右にある〇をクリックするとチェックマークが表示され、正しい回答を設定することができる（図2・B）。

⑤左の「問題を追加」（図2・C）をクリックすると、次の問題を同じように作成できる。

図2 問題作成画面

⑥問題ができたら、「保存」をクリックする（図2・D）。クイズのテーマと概要を打ち込む画面が出てくるので、入力すると問題が保存される。

⑦初期画面のライブラリをクリックすると作成した問題が表示され、「開始」をクリックすると、図3の画面が表示される。生徒は、表示された二次元コードまたはKahoot!アプリにゲームPINを入力（図3・E）することで、このクイズにオンラインで参加できるようになり、名前が表示される。ニックネームは必ず苗字を設定させ（図3・F）、全員が参加したことを確認してから、クイズを始める。

図3 クイズの開始画面

4 授業の流れ

(1)指導計画

消化や呼吸についての観察・実験などを行い、動物の身体が必要な物質を取り入れて運搬している仕組みを、観察・実験などと関連付けて理解できるようにする。

本時は、観察実験を通して学んだ知識を正確に覚えるための活動とする。

「生命を維持する働き」（全8時間）

時間	小項目	内容
2		実験「だ液の働きを調べる」
2	生命を	実験「呼吸の仕組み」
2	維持する	実験「血液を循環させる仕組み」
2	働き	消化酵素の働きと呼吸の仕組み、血液の仕組みのまとめ【本時】

(2)本時の展開

これまでの観察・実験で考察してきた身体の仕組みをGoogleスライド（以下、スライド）を使って説明し、身体の仕組みに関する用語をクイズで確認する。

あらかじめ、最後にKahoot!を使ってクイズを行うことを伝えておく。これまでに行ってきた観察・実験について、教科書や資料集などの図を使ってスライドにまとめ、簡単に説明する。最後にクイズを行うことで、知識が定着したかどうかを確認する。

第8時 「消化酵素の働きと呼吸の仕組み、血液の仕組みのまとめ」

時間	生徒の学習活動	教師の指導・支援	学びの形態
5分	1 課題を把握する。		学級
	課題：消化器官・呼吸・血液の働きと仕組みを図で理解しよう		
15分	2 スライドを端末で見ながら、消化器官を理解する。	URLまたは二次元コードを示す。	学級 スライド
15分	4 Quizletを使い、苦手な用語を覚える。	「固体」「液体」「気体」「その他」に分けて、提示する。	1人 quizlet
10分	5 Kahoot!でクイズを行う。	デジタルホワイトボードで学級全体に情報共有する。	学級 kahoot!
5分	6 振り返り		1人 Forms

4 個別最適な学びの充実を図るために

(1) クイズ問題を生徒が作成

Kahoot!のクイズ問題は生徒に作成させることができる。

問題作成画面から「問題を追加」（図2・C）をクリックすると、図4の画面が表示されるので、右下の「スプレッドシートをインポート」をクリックする（G）。

図5の画面が出たら、「テンプレートをダウンロード」(H) をクリックする。スプレッドシートは、エクセルなどの表計算ソフトに変換することができる。スプレッドシートには、それぞれ次ページの表のI〜Oの内容を入力するようになっている。

図4　「スプレッドシートをインポート」をクリック

図5　「テンプレートを
　　　ダウンロード」をクリック

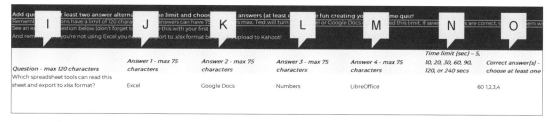

図6　ダウンロードしたスプレッドシート

I：問題文　J：△の答え　K：◇の答え　L：○の答え　M：□の答え　N:制限時間　O：正解の選択肢

このスプレッドシート（表計算ソフト）を生徒に配付し、サンプル問題の下の行に入力させる（P）。

	Question - max 120 characters	Answer 1 - max 75 characters	Answer 2 - max 75 characters	Answer 3 - max 75 characters	Answer 4 max 75 characters	Time limit (sec) – 5, 10, 20, 30, 60,	Correct answer(s) choose at	P
8								
9	Which spreadsheet tools can read this sheet and export to xlsx format?	Excel	Google Docs	Numbers	LibreOffice	60	1,2,3,4	
10	有害なアンモニアを無害の尿素に変える臓器を何というか	肝臓	腎臓	すい臓	ぼうこう	20	1	

図7　問題の記入例

4択の解答欄を作成するときは、存在しない「造語」を解答にすることをNGとし、必ず実在する用語を用いるように指示する。これは、学習の過程で必要のない知識や誤概念につながる恐れがあるためである。できれば、その単元で学習した用語を用いるようにして、不正解の選択肢についても復習ができるようにする。

問題作成においては、一人一題作成し、グループで1枚のスプレッドシートにまとめる。グループごとに出題する範囲を決めると、類似問題を防ぐことができる。インポートする際にも一つ一つではなくグループ分をまとめて取り込めばよいので、作成の時間を短縮できる。

問題を入力したスプレッドシートはGoogle Classroomなどを使って提出させ、インポートする。テンプレートをダウンロードしたときと同じ画面（図8）で、スプレッドシートのファイルを挿入し、「アップロード」をクリックする（Q）。

図8　アップロード画面

その後「成功」の画面（図9）が出たら、「問題を追加する」をクリックする（R）と、図10のように作成した4択問題が表示される。これをグループの数だけ繰り返し、時間があるときに解いてもらうこととする。

Kahoot!では正答率なども示されるので、どんな問題が間違えやすいのか、定着していないのかを同時に見取ることができる。

図9　インポートの完了画面

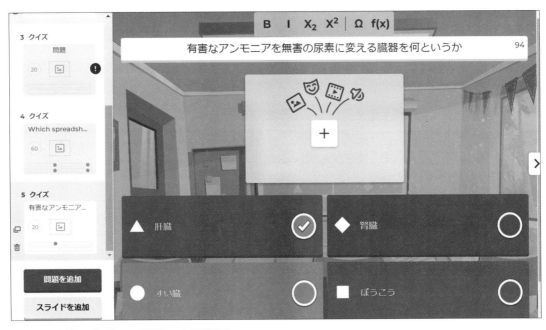

図10　生徒が作成した問題の出題画面

（2）Quizletで自分の苦手な部分を反復学習

「Quizlet」（クイズレット）は、自習用のアプリである。

図11・Sに示したように、

①あらかじめ教師が作成した一問一答の問題を単語カードのように覚える

②作成した問題の単語と説明をランダムに表示させて〇×や４択から選ぶ（学習）

③ゲームで答える（テスト）

④様々な単語と説明がランダムに表示される画面で、正しい組み合わせのカードを重ね合わせて消す（マッチ）

という４つの学習方法がある。生徒は覚えやすいものを自由に選択して学習することができる。

　教師は授業初めに小テストを行わなくても、生徒一人一人の履歴も残すことができるので、オンライン上で定着度や取り組み状況をチェックできる。

図11　Quizletのアクティビティ

7 生命・地球

生徒による環境調査結果の
データベース化とその活用

教材 ①ロイロノート・スクール
②Pages

1 この授業で大切にしたいこと

　生徒の問題意識をもとに行う環境調査は、調査場所が多岐にわたる。調査結果から個別の課題を立て、環境改善を進めていくと、探究の過程の進度にも生徒間で差が生まれ、一斉に決められた時間で共有の場面を設定することが難しくなる。そこで、実験・調査結果の簡易的なデータベース化を行う。個別の調査活動を中断せずに生徒が自ら必要な情報を探して見通しをもったり、自分たちの仮説や実験結果の妥当性を振り返ったりすることができるため、このデータベースの活用には、生徒自身の学習が最適となるよう調整する働きがある。また、画像データとして記録を残すことにより、個人での学習の振り返り時に容易に実験データを引用し、利用できるようにする。

2 使用する教材

　本事例では、ロイロノート・スクール（以下、ロイロノート）は、クラウド型授業支援アプリであり、多くの都道府県や市町教育委員会で導入実績がある。ロイロノートの「共有ノート機能」を使用する。単元のまとめの段階では、Pagesを使用する。PagesとはApple社が作っている文書作成ソフトである。

3 授業の流れ

(1)指導計画

　持続可能な循環型社会を目指して、窒素循環の視点から本校敷地内の環境調査を行い、その結果から身近な環境問題を見いだす。さらに、改善策を立案し、自ら計画した実験により、その妥当性を検証する。これらの活動を通して、生態系の一部である

「自然環境の調査と環境保全」（全14時間）

時間	小項目	内容
1	窒素利用	人間の活動による窒素利用に伴う、生態系への影響と窒素利用による便益との関係を確認する。
4	環境調査	土壌の質・水質の調査方法を計画し、学校敷地内の環境調査を行い、社会問題につながる身近な環境問題を見いだす。【本時】
5	改善提案	個人で課題を設定し、実験による検証を含めて、身近な環境を改善するための調査を行う。
3	レポート作成	調査結果を踏まえ、社会問題について、生態系の中の人間のあり方について、レポートにまとめる。
1	振り返り	レポートの交流と振り返りを行う。

人間の在り方、自己の在り方を考える。環境調査から、改善提案までの探究の過程をもとに、単元を貫く問いの自分なりの解を、社会的な問題と関連付けながらレポートにまとめる。本時では、生徒が計画した調査を通して、身近な環境問題を見いだす。

（2）本時の展開

　よりよい窒素循環の視点から、自ら計画した環境調査を行い、その結果を分析することを通して、学校敷地内の身近な環境問題を見いだす。

第2時「窒素循環の視点から身近な環境の問題を見つけよう」

時間	生徒の学習活動	教師の指導・支援	学びの形態
5分	1 課題を把握する。		学級
	課題：窒素循環に着目して、身の回りの環境調査から問題を見つけよう。		
40分	2 選択した場所での環境調査を行う。	パックテストの使い方を指示する。	グループ ロイロノート
	3「iPad」を使い、調査場所・調査結果をロイロノートに記録する。	ロイロノートへの調査場所や調査結果の記録方法を指示する。	グループ ロイロノート カメラ
	4 ワークシートに調査の過程を記録する。	仮説や調査方法の計画など、探究の過程を意識するよう促す。	1人
5分	6 振り返り		1人

　学校敷地内の池、プールや教室の水槽などの水質調査や、グラウンドや敷地内の森、技術科で枝豆を育てた時の肥料入りの土などの土壌調査をグループごとに行う。各グループの計画に沿って、硝酸イオン、亜硝酸イオン、アンモニウムイオンの3種類のパックテストを使い分けて計測する。環境調査によって得られる、硝酸イオンの値などのパックテストの定量的な結果や、パックテストの色という定性的な結果、調査場所の様子などの様々なデータを、ロイロノートにまとめていく。その際、図1のようなデータの記録方法の例を提示し、図2のように、生徒が共同編

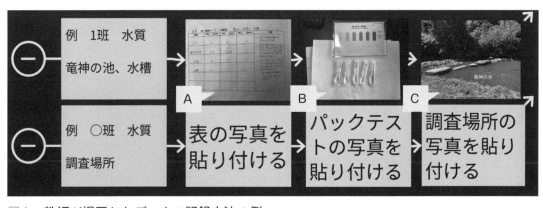

図1　教師が提示したデータの記録方法の例

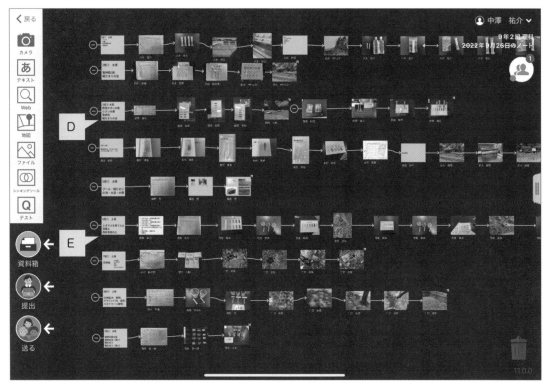

図2　生徒たちが自ら作成した1クラス分（9グループ分）のデータベース

集によってデータをまとめ、データベースを作成した。

　ワークシートにまとめた結果は、iPadのカメラ機能を使い、画像データとして「共有ノート」に貼り付ける（図1・A）。実験結果であるパックテストの色の変化や場所による値の差は、わずかなものも多く、その差を言葉だけで正確に記録して残すことは困難である。そこで、iPadのカメラ機能を使い、画像データとして、実験結果を記録する（図1・B）。調査場所の詳細も同様に、言葉だけでは記録しきれず時間もかかるため、画像データとして記録する（図1・C）。これらの実験結果の値を画像データとして順番に並べて簡易的なデータベースを作成した（図2）。グループ名を記載する付箋は、水質調査を青（図2・D）、土壌調査を赤（図2・E）として色分けしている。

4　個別最適な学びの充実を図るには

(1)視覚的・構造的に検索しやすい実験結果の簡易データベース

　簡易的なデータベースを作成して活用することにより、各自で自分たちの課題解決に必要な情報を、必要なタイミングで取得することができるため、共有のために個別の探究を中断する必要がなくなる。データベースの活用により、他のグループの調査結果をもとに自分たちの仮説や調査結果の妥当性を評価したり、新たに生まれた疑問に対して必要な情報を持っていそうなグループにあたりをつけて個別に聞きに行き、仮説の参考にしたりすることができる。教師も各グルー

プの追究の様子が把握しやすく、指導の個別化が容易になるため、それぞれのグループのつまずきを支援したり、他のグループとの学びのつながりを促す声掛けがしやすくなったりする。

　また、データベースとして、検索のしやすさを考慮したい。カードの色や、添付するデータの順番などのルールをある程度設定することで、他のグループとの比較が容易になる。しかし、フレームの細かな制約によって、生徒の使い道を制限しないよう配慮したい。調査場所の数の自由度や、調査結果のグラフによる表現の工夫など、生徒が自分たちの学びに必要な形で残していけるような構造を考えたい。データベースをつくることや共有することが最終目的ではなく、生徒自身が自分たちの学びを調整し、課題解決を進めることができるようにするための支援として授業で扱うようにしたい。

（2）Pagesによる個人レポートの作成

　学びの過程や観察・実験データを画像データとして残しておくことで、レポートとしての個人の振り返りに活用できる。図3のように、Pagesでレポートを作成することで、観察場所の様子や実験の様子や実験結果、作成した表やグラフの挿入などが容易になる。中には、動画のリンクを挿入し、交流時の説明に使用していた生徒も見られた。

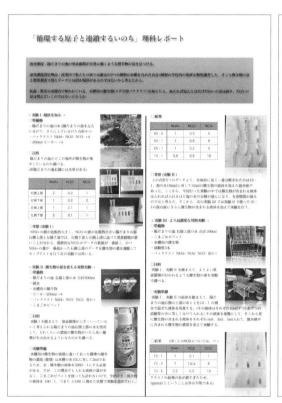

図3　生徒がPagesで作成したレポート

全領域

テストを個別に振り返りやすくする工夫

教材 ①Google Jamboard
②Google Classroom

1 この授業で大切にしたいこと

定期テストや単元テストは、学習内容の定着状況を把握したり、評価したりするために活用する方法の1つである。テストを実施することで、教師にとっては定着状況を把握できることはもちろんだが、生徒自身にとってはできなかった・分からなかった問題を振り返り、確実にできるようにしていくことで、テストをより有効に活用できると考える。さらに、1つのテストの中でもできなかった・分からなかった問題は生徒それぞれで異なっているため、一斉指導で個々の状況に応じた解説をしていくには限界がある。

本事例は、限りある授業時間の中で、自分ができなかった・分からなかった問題を振り返ることに十分時間を割けるようにしていくことを目指した取り組みである。

2 使用する教材

本実践で使用するGoogle Jamboard（以下、Jamboard）は、アプリのダウンロードなどの特別な手続きは不要で、授業者のGoogleアカウントがあれば利用できる。

3 授業の流れ

①ブラウザとしてGoogle Chromeを使用している場合は、「アプリ」から Googleドライブにアクセスし、画面左上の「＋新規」ボタンを押して「Jamboard」を選択し、新しいシートを立ち上げる。Google Chrome 以外のブラウザを使用している場合は、検索窓に「Jamboard」と入力して検索するなどして、新しいボードを立ち上げる。

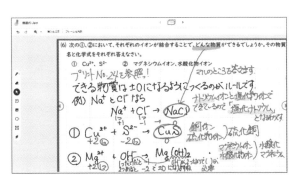

図1　教師が解説を記入したもの

②各ボード内で解説を記入する（図1）。問題は、作成したテスト問題のデータを貼り付ける。

解説は、テキスト入力やペンによる手書き入力が可能である。

③問題数に応じて、ボードを追加して解説をつくる（図2）。

④Google Classroom（以下、Classroom）に課題を作成し、②で作成したボードを添付する（図3）。

⑤課題を割り当てた上で、授業を開始する。

⑥振り返り活動時に、生徒は各自のタブレット端末からClassroomを立ち上げ、配信された課題を開いてボードの解説を見ながら、活動を進める。

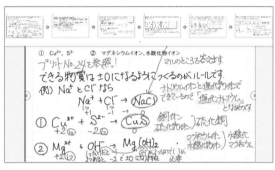

図2　ボードを追加

図3　Classroomに添付

4　授業の流れ

テスト返却時、生徒は返却された答案をもとに、端末を操作し、自分ができなかった・分からなかった問題を中心に解説を見ながら、振り返りを進める。活動時には、図4のようなワークシートもしくは自分のノートに振り返りをしていく。

図4　テスト直し用
ワークシート

生徒の学習活動	教師の指導・支援	学びの形態
1 答案を受け取る。	1人ずつ答案を返却する。	1人
2 結果をもとに、自分ができなかった・分からなかった問題を振り返る。	個人の端末からClassroomを立ち上げ、添付されているボードを開き、学習を進めさせる。ボードにある解説を見て、疑問に感じた生徒には個別に対応する。	1人 Jamboard

5 個別最適な学びの充実を図るために

　一斉指導による解説では、生徒は自分が知りたい情報以外も解説を聞くこととなる。しかし、本実践では各自の端末を使って、解説を見ることができるため、自分が知りたい問題の解説を自分が知りたいタイミングで開くことができる（図5）。

　この実践を進めるためには、振り返りの時間を十分に確保することも大切なことだと考える。与えられた取り組み時間の中で、自分のペースで解説を見ながら

　じっくり振り返りを進めることができる。

図5　端末で解説を見ている様子

　中には、解説のカードに対して不明な点や疑問点をもつ生徒もいるため、教師が追加の支援をしていく。支援を必要としている生徒に、教師が適切に時間を割くことができる。

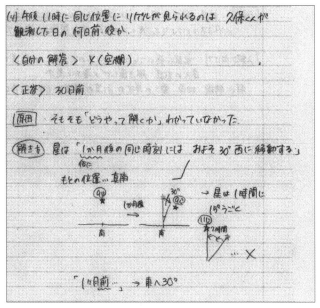

図6　生徒が作成したテストの振り返り

端末活用の可能性

　理科の授業で「端末の活用」というと動画やアニメーション、あるいはシミュレーションが思い浮かぶ。そのメリットは、視覚的な学習がしやすくなることである。例えば、NHK for School に掲載されている自然事象の記録動画や実験動画は多くの授業で活用できる。その他にも、原子や分子の構造や物質の性質を示すアニメーションを使用したり、実験動画を見せたりすることができる。例えば天文シミュレーションMitakaを使えば、理科室では再現不可能な現象も取り扱うことができる。本書でも「観察・実験の質を豊かにする活用例」を数多く紹介したことから明らかなように、端末のこの使い方はますます幅が広がりそうである。

　それはそれでいいことであるが、あえて言えば、コンテンツベースの学び（内容主義の授業）の延長に過ぎないのではないか、とも感じている。端末の活用によって、理科の授業はさらにコンピテンシーベースの学び（資質・能力主義の授業）へシフトチェンジすることができる。もう少しアクセルを踏み込んでほしい。その具体例を以下に示す。

協働的な学びの推進

端末を使って授業に取り組むことで、一人一人の意見や考えを共有しやすくなるとともに、協調性やコミュニケーション能力も身に付けることができる。

授業（観察、実験）の記録・共有

端末にはカメラや録画機能が搭載されているため、観察、実験の写真や動画を容易に撮影できる。また、それらを共有することで、授業の進め方もスムースになる。

自己学習の促進

端末を活用した授業では、自分のペースに合わせて学習を進めることができる。動画やアニメーションを何度も見たり、授業中に書き取りを行った内容を後で振り返ったりすることによって、自己学習が促進される。

参考資料への容易なアクセス

端末の活用によって、正確な情報を取得したり、教科書以外の情報源にアクセスしたりすることができる。例えば、Web上の教材を活用した学習や、科学に関する記事や動画を活用した授業が考えられる。

　最近では、端末の活用を、教員の働き方改革と一体化させて進めることも求められている。例えば、①教科書や資料集、ノート・ワークシート等の教材を持ち歩かずに済む、②授業で大量の資料を容易に配信できる、③生徒との情報のやりとりが簡単にできる、④リアルタイムな評価を端末上で行うことができる、これらのことが可能である。

　このように、端末の有効な活用方法は様々あり、可能性はますます広がってきている。

エネルギー

全反射の様子を作図で表そう

教材　①Microsoft Teams　　③Microsoft Clasroom
　　　②Microsoft PowerPoint　④Microsoft Forms

1 この授業で大切にしたいこと

　光に関する実験では、光源装置を用いて反射、屈折、凸レンズを通る光の道筋を作図として表すが、いずれも暗室下での実験のため、光の道筋をリアルタイムで作図することは難しい。特に全反射の様子を作図する課題では、グループでの学び合いをもとに、考えを深め合う協働作業の場面を設定することが好ましい。そのため、本事例ではカメラ機能を使って全反射の様子を撮影し、実験後に写真を見返すことで、結果の振り返りを行えるようにする。また、Microsoft Teams（以下、Teams）上に Microsoft PowerPoint（以下、PowerPoint）のデータを添付することで、グループでの協働作業が可能となるため、結果を学級全体で共有し学びを深めることができる。最後に、Microsoft Forms（以下、Forms）を活用し、個人の定着度を確認し、次時への指導に生かす評価として活用する。

2 使用する教材

　本事例ではMicrosoft Office製品を活用するが、グループや学級全体で共同編集ができる機能、アンケート集計機能があるアプリであれば、他製品でも代替可能である。

使用する教材	教材の特徴
Teams	クラス・グループ単位のチームを作成することで、ファイルを共有し、共同編集が可能となる。
PowerPoint	共同編集を行うホワイトボードとして活用する。図版などをあらかじめ添付しておくことも可能であり、従来の白紙のホワイトボードよりも活用性が高い。
Forms	生徒の理解度、学習の定着度、疑問点を教師側が把握するためのアンケートとして活用する。自動集計機能がついているため、業務の時短にもつながる。

3 使用の手順

● Teams

　事前に学年クラス単位のチームを作成し、チーム内に教科ごとのチャネルを作成する。チャネル内に、作成したPowerPointデータをアップしておく。

● PowerPoint

　事前に課題ファイルを作成し、Teams上にアップしておく。グループごとに課題ファイルを作成しておくと、グループ内での共同編集が可能となる。

●Classroom

　入学や進級当初には、事前に学年・クラス・教科ごとにClassroomを作成する。撮影した画像などを、Airdrop機能を活用して生徒、教師間の双方向で送受信することが可能である。また、生徒端末の画面拡大表示の機能を活用し、個の学びを学級全体への学びへと深化させることができる。

●Forms

　生徒の学習状況を把握するアンケートを作成し、Teams上にアップする。学習後、生徒はTeams上のForms画面から各自の学習状況を入力する。短時間での集計が可能なため、終末だけでなく、導入の発問時等にも活用できる。

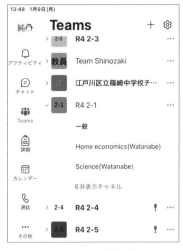

図1　チャネルの作成

4　授業の流れ

(1)指導計画

　光に関する実験を一通り行った後に、学習内容を活用して日常生活の中で起こる身近な現象（水槽を通して見える物体の見え方）について考察する課題に取り組む。

　課題に取り組む前に、全反射が起こる条件（①屈折率が大きい物質から小さい物質に向かって光が入射していること、②入射角が臨界角を超えていること）を確認し、活用する既習事項を明確にすることで、発展課題に取り組む手立てとする。

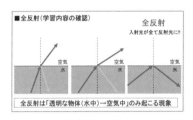

図2　既習事項の確認

「光の世界」（全6時間）

時間	小項目	内容
1	物の見え方	身の回りの光に関する現象を観察し、ものの見え方の違いは、光の性質によるものであると理解する。 生徒実験【レーザーポインターを用いた光の散乱実験】
1	光の反射	光の反射の法則（入射角＝反射角）を、実験を通して理解する。生徒実験【鏡で反射する光の道筋】
1	鏡にうつる像	物体を鏡に映したときの、その像と物体との位置関係を作図によって調べられることを理解する。
1	光の屈折	屈折の実験を通して、光が屈折する際の規則性について理解する。生徒実験【半円形レンズを通り抜ける光の道筋】
1		光の屈折によるものの見え方について光の道筋の作図を通して考察する。屈折が成立しない全反射について考える。
1	全反射の科学	全反射の学習を踏まえて、水槽を通して見える物体は、見る方向によって変わることを科学的に考察する。【本時】

時間	生徒の学習活動	教師の指導・支援	学びの形態
5分	1 現象を確認する。 ●水槽の奥にチョークを置き、視点によって、奥に置いたチョークの見え方が異なることを確認する。	事前に撮影していた動画を提示する。その後生徒自身で実験を行い、現象を再確認する。	学級
	課題：水槽を斜め上から見たとき、正面に見えていた物体が見えなくなる理由を考えよう		
5分	2 既習事項を確認する。 ●屈折、全反射の仕組みについて再確認する。	説明に使用したパワーポイントのデータを生徒用の課題ファイルに添付しておく。	学級
10分	3 全反射の実験を行う。 ●レーザーポインターを使用して、光の道筋を確認し、カメラ機能で撮影する。	様々な視点からのチョークの見え方を確認する。必要に応じて動画モードも活用するように助言する。	グループ カメラ機能
10分	4 実験結果を整理する。 ●撮影した写真、動画を見返し、光の道筋を記入する。	グループごとの課題ファイルの中にある自分のスライドに記入するように指示する。	1人 Teams PowerPoint
5分	結果を共有する。 ●作成したスライドを用いて現象をグループ内で発表する。	作成したスライドを画面上で開き、発表者の発表を聞くように指示する。	グループ Teams PowerPoint
10分	グループの意見を再構成して発表する。 ●グループの意見を一枚のスライドにまとめ、発表する。	グループで作成したスライドを学級全体に拡大表示する。	グループ Teams PowerPoint
5分	学習を振り返る。 ●Teams上にアップされた、Formsに自分の学習状況を送信する。	グループごとの課題ファイルにある、自分用のスライドの記入状況を、主体的に取り組む態度の観点で評価する。	1人 Forms

5 協働的な学びの充実を図るために

(1)光の道筋を撮影し、作図に生かす

　水槽の奥に置いたチョークを真正面から見ると、チョークを見ることができるが、上から覗き込んだり、下から見上げたりするとチョークが見えなくなる。赤外線ポインターを使用して光の道筋を確認し、カメラ機能で撮影する。写真を見返すことで、グループでの協働作業がより活発になる。

(2)Teams上で意見の共有化を図る

　Teams上にアップされたグループのファイルを開き、各自のスライドに自分の考えを記入する（事前にスライドには図3の図版を添付しておき、光の道筋のみを書き込めるように編集しておく）。各自のスライド完成後、他の人のス

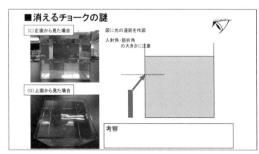

図3　Teams上に配布した課題

ライドを画面上で確認しながら意見の共有を図る。発表後、グループのスライドを共同編集で完成させる。光の道筋を作図する際に、PowerPointの機能の一つ、ルーラー（定規と分度器の両方の機能を果たすもの）を使用すると、入射角、屈折角を意識した光の道筋を作図することもできる。完成したグループのスライドを学級全体で共有し、学びを深める。

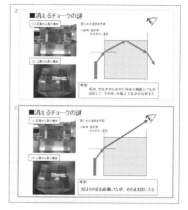

図4　各自のスライド

（3）Formsを活用し、生徒の学習状況を把握する

　生徒の学習状況を把握するために、Teams上に学習の振り返り（Forms）をアップする。生徒は学習の理解度をA・B・Cで自己評価するとともに、理解できなかった点を自由意見欄に入力する。アンケートは自動集計後にグラフ表示されるため、教師側はその結果を指導に生かす評価として活用する。

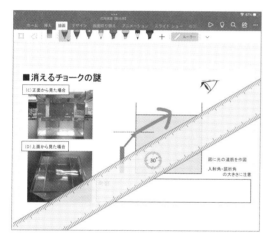

図5　ルーラー機能を用いた課題の
　　　取り組み

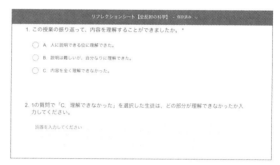

図6　Formsを活用した学習状況の把握

エネルギー

花火はどこで打ちあがった？
―音の速さから打ち上げ場所を見つけよう―

教材 Google Jamboard

1 この授業で大切にしたいこと

　音が聞こえると、どのあたりから聞こえているか感覚的には分かるが、それが遠い場所であれば、どれくらい先の場所から発生したものなのかはなかなか想像ができない。また、音は波として同心円状に広がっており、発生した地点から自分のいる場所へと伝わっているが、実感として捉えることは難しい。本事例では、課題として、3つの地点から見えた花火をもとに、それぞれの場所へ音が伝わった時間から打ち上げ場所を推定する。その際、Google Jamboard（以下、Jamboard）に、それぞれの花火を見た地点を示した地図を挿入し、それぞれの端末を使って考えたことを共有できるようにする。音の伝わる速さから、打ち上げ場所までの距離を推定できること、また、音が同心円状に伝わることから、円が重なりあった場所から打ち上げ場所が推定できることなどを協働的に学んでいけるようにする。指導の際には、音と光の速さの違いから、打ち上げ花火や落雷では光った後に音が聞こえることにも触れるようにする。

2 使用する教材

　Jamboard は、Google アカウントがあれば誰でも使用でき、一斉に書き込みなどができるツールである。複数のボードを1つのJam内に作成することができるため、グループごとに検討したり、他のグループがどのように考えているのか簡単に見たりすることができる。今まで課題検討用に配付していたホワイトボードをデジタル版にしたイメージである。

　生徒がログインするための設定は必要だが、アプリがなくてもブラウザベースで使用することができる。また、各グループがどのように書き込んでいるのか教師側からも見ることができるので使いやすい。

3 使用の手順

①Googleのトップページからはログインする。右上の
　アプリ選択から「Jamboard」を選択する（図1）。
②右下の＋ボタンをクリックし、新規のJamboardを作成する。

図1　選択画面

③左上の「背景を選択」で、右下の「画像」を選択。その後、「アップロード」から音の聞こえた地点の入った地図の画像を挿入し、アップロードを行う。

④中央上の「1／1」と表示された部分をクリックし、作成されたボードの右上「…」の部分をクリックする。そして、必要なグループ分のコピーを繰り返す。

図2　共有設定場面

⑤右上の共有をクリックし、一般的なアクセスの「制限付き」を、教育委員会アカウントの場合は「○○教育委員会」、通常アカウントの場合は「リンクを知っている全員」にする。また、その右側の部分を「編集者」にし、「アクセスするにはリンクが必要」にチェックを入れる（図2）。

⑥「リンクをコピー」をクリックし、Google Classroom 等の各生徒がアクセスできる場所にリンクを張り、ログインさせる。

⑦状況に応じて、左側の選択から、付箋機能でメモを取れることや、円や矢印などの図を挿入できることを伝える（図3）。

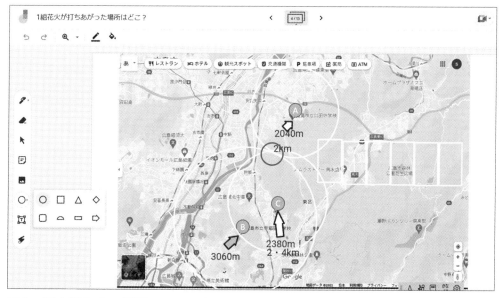

図3　図を挿入する場面

4 授業の流れ

(1) 指導計画

　音による現象についての観察・実験を行い、音は物体の振動によって発生すること、その振動が次々と伝わり、音が聞こえること、音の速さから音の発信地を特定できることを理解できるようにする。

　本時では、音の伝わる速さを利用し、それぞれの場所で音が聞こえた時間の違いから、音の発信源を推定する。

「音による現象」（全7時間）

時間	小項目	内容
1	音の伝わり方	音の発生原因は何か
1		演示実験「空気がないときの音の伝わり方」
1		生徒実験「笛の音の高低は何が関係しているか」
1		音が伝わる速さ【本時】
1	音の大小と高低	生徒実験「弦楽器の特性」
1		音の大小、高低の現象の違い
1		楽器について調べよう

(2) 本時の展開

　生徒自身が手元にある端末からJamboardにログインし、Jambord内で協働的に課題を解くことで、音の発信地である花火が打ちあがった場所を推定する。

第4時「音が伝わる速さ」

時間	生徒の学習活動	教師の指導・支援	学びの形態
10分	1 花火の映像から、音が伝わる速さを求める。	打ち上げ花火の映像を見せて、ストップウォッチ機能で、打ち上がってから聞こえるまでの時間を測定する。	グループ
5分	2 音の伝わる速さがどのくらいになるのか発表する。	音の速さが約340m/sであることを確認する。	学級
25分	3 課題を把握する。		
	課題：花火が打ちあがった場所はどこか推定しよう。		グループ Jamboard
	掲示したリンク先からJamboard にログインし、それぞれ指定した番号のボードに入り、グループで課題を解く。	教員の端末から、各グループの進行状況を確認し、状況に応じて、1つのグループを全体へ示したりするなど、情報の共有を行う。	
5分	4 グループごとにまとめたものを全体で確認する。	各自が発表グループのボードに入り、そのグループの考えを確認し、自分たちのグループの結果と比較する。	学級 Jamboard
5分	6 振り返り		1人

　まず、課題の文中から、それぞれの場所の花火が見えてから音が聞こえるまでの時間を確認し、打ち上げ場所から聞こえた場所の距離を計算で求める（今回の場合はA地点6秒後、B地点9秒後、C地点7秒後とした）。求めた距離をJamboard内の付箋機能を使用してメモをしておくと、今後推定がしやすくなる（図4）。

　その後、打ち上げ場所を見つけるために、音が同心円状で伝わることから、Jamboard内の図形挿入機能を使用し、それぞれの聞こえた場所を中心として、距離の計算結果に即した円を置い

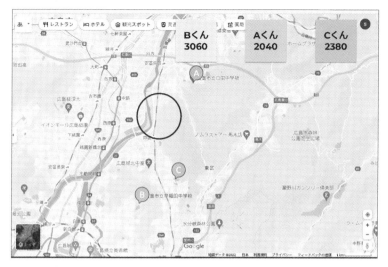

図4　付箋によるメモ

ていく。そして、その重なりの部分を打ち上げ場所として推定する（図5）。なかなか課題解決が進まないグループには、違うグループのボードへ行き、他のグループの進行状況を確認させるなどの支援を行う。

　授業の終末で、それぞれのグループの結果を個人の端末から確認し、結果を共有する。これによって、打ち上げ場所を適切に推定できているか、その推定結果の妥当性を全体で検討し、まとめを行う。

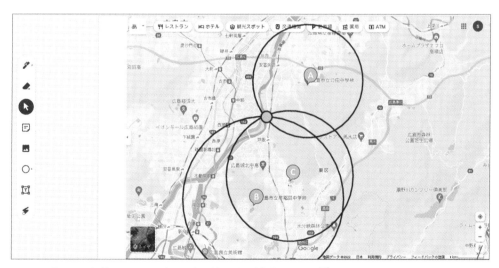

図5　図の円を使用して、打ち上げ場所を推定した図[*1]

　また、別の方法として、各場所から推定される打ち上げ場所までの長さを図の長方形から作成し（地図の右下の1kmあたりの長さをもとに作成）、複数の重なり合った場所から、打ち上げ場所を推定するという方法も考えられる（図6）。

花火はどこで打ちあがった？─音の速さから打ち上げ場所を見つけよう─

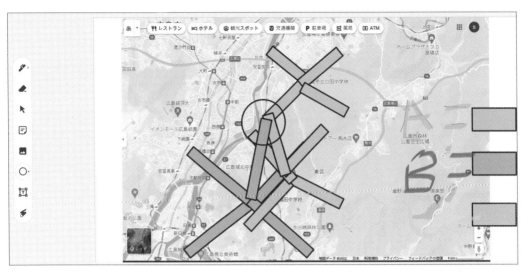

図6　図の長方形を使用して、打ち上げ場所を推定した図[1]

この部分から1kmあたりの
長さは分かる

4　協働的な学びの充実を図るために

(1)自由に使用させることで、生徒の思考を支援

　Jamboardを自由に使用させることは、各グループでの意見を活発化し、順を追って思考させるための有効な支援となる。ホワイトボードや印刷されたプリントなどでは、グループ一斉での書き込みが難しいことや、一度消去してしまうと元に戻せないことなどの課題がある。Jamboardでは、考えを記録できたり、書き込み前に戻ることができたりするため、思考の流れを振り返ることが可能であり、積極的に使用させたい。
また、付箋機能で意見を書き出したり、図形などが正確に書けることを活用したりして、様々な意見を出し合い、考えを深めるようにする。特に、図形機能においては、正確に図形を作成できること、コピーの作成が容易であることは、ICT活用ならではのメリットである。本事例では、図形を拡大できることや、回転できることなど様々な活用があげられる。ただし、円において

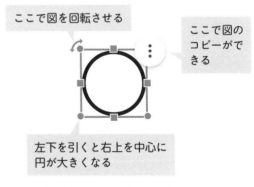

ここで図を回転させる

ここで図の
コピーがで
きる

左下を引くと右上を中心に
円が大きくなる

図7　図の作成方法について

は中心点が大きいとずれるため（図7）、教師からの使い方の説明が必要であろう。

(2)様々なグループの考えを自分たちの考えに生かす

　自分たちのグループの考えが停滞した際に、他のグループの活動状況をクリック一つで見ることができ、そこから新たに自分たちの考えに戻ることができる。教師側も、各グループの進行状況を見ることができるため、各グループがどのように考えているのか確認ができ、状況に応じて、

全体に共有したり、グループごとに指導したりすることができる。これらの活動を通して、まとめの場面では、一斉に指定したグループのボードに入ることができ、一人一人が自分の端末から発表するグループのボードを見て、その結果の妥当性の検討を行う。これらの過程を通して、落雷現象は、光ってから音が鳴るまでの秒数を数え、その秒数に340をかければ、落雷場所を推定できるなど、生徒の実生活とも結び付けていくことが可能となる。

（3）他の単元でも活用できる

Jamboard は、表1に示したように、他の学年・各領域でも活用可能なツールである。例えば、1年地球領域の地質単元における「各示準化石はどの時代を示しているのだろう」では、各化石を順番に並べ考えることで、グループで協働的に考えることができ、それぞれのグループの考えに合わせて編集が可能である（図8）。

表1 Jamboard を使用した各学年・各領域での観察・実験

	エネルギー （物理）	物質 （化学）	生命 （生物）	地球 （地学）	環境 （環境）
1年	●自分の全身を見るのに、何cmの鏡が必要か ●力を矢印で示してみよう	●金属・非金属の分類 ●有機物・無機物の実験結果からの分類	●植物の特徴による分類 ●動物の特徴による分類	●火山の形と性質の推定 ●岩石の比較 ●示準化石と地質時代の推定	
2年	●磁力線を書いてみよう ●各抵抗の電流は何Aか考えてみよう	●化学反応式を説明しよう	●各臓器の特徴を示してみよう	●季節風・陸風・海風の説明	
3年	●力の分解を書いてみよう ●エネルギー変換を結び付けてみよう	●イオンの増減と中和 ●電池の仕組みの説明	●顕性性質と潜性性質が現れるときの説明	●惑星の分類 ●日周運動・年周運動の説明	●食物連鎖の変化を説明

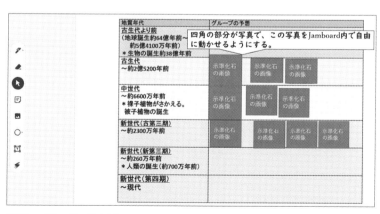

図8 図の作成方法について

註
＊1 神田慎太郎（広島市立早稲田中学校）実践事例 kant_science https://kantscience2.webnode.jp/

グループレポートを作成しよう

教材 Google スライド

1 この授業で大切にしたいこと

　役割分担をしながら観察・実験の内容をまとめることは、協働的な学びにつながる。また、実験の結果をグループごとに考察できるため、実験に失敗しても、成功したグループから学んだり、失敗した原因を振り返ったりすることも容易にできる。ここではスライドアプリを主に使用するが、実験ごとに使用することで、徐々にアプリの機能を使いこなし、フォントの種類や大きさなどにも工夫を凝らしながら、見やすいスライドづくりができるようになってくる。年間通じてスライドでレポートを作成することで、仮説の設定や実験計画、結果、考察などを表現する力や発表する力を十分に身に付けることができる。

2 使用する教材

　Google Classroom（以下、Classroom）、Google スライド（以下、スライド）、Google スプレッドシート（以下、スプレッドシート）など

3 授業の流れ

(1)指導計画

　水中の物体にはあらゆる向きから水圧が働くことや、水圧は水の深さに関係があることを理解できるようにする。実際の力の

「水中で働く力」（全7時間）

時間	小項目	内容
1	水中で	水中にある物体に働く力【本時】
1	働く力	水中の物体に働く上向きの力

働き方を動画や写真で撮影することとスケッチを組み合わせることで、力が働く大きさや向きなどについて考察し、水圧の働き方についての理解を深めることができる。

(2)本時の展開

　グループで役割分担をして、端末に共有されたスライドに実験の考察をまとめる。
　全員が編集者になっているため、写真や動画のアップ、考察の入力、データの処理を同時に行える。あらかじめ役割分担をしておくことで、実験の準備や片付け中にも作業ができるため、効

第6時「水中にある物体に働く力」

時間	生徒の学習活動	教師の指導・支援	学びの形態
2分	1 課題を把握する。		学級
	課題：水中ではたらく力を調べ、規則性を見いだそう		
5分	2 「水槽」に袋をかぶせた手を入れて、力の働き方を体感する。	手を入れる向きを指導する。	グループ 動画
5分	3 水の中での力の働き方をグループで予想する。	いくつかのグループに発表させる。	スライド
20分	4 水中に入れたゴム膜のへこみ方と水の量の違いによる水の出方の勢いを調べる（図5）	実験が終わったら、片付けとスライド編集を手分けして行わせる。	グループ スライド 動画 スプレッドシート
10分	5 水中の力の働き方と規則性を考察する。	それぞれ役割分担をして、スライドに打ち込ませる。	グループ スライド
8分	6 水中に働く力の考察を発表する。	2、3グループを選んで、考察を発表させる。	学級 スライド

率的に作業を進めることができる。慣れてくると、1時間の授業の中で発表まで行わせることができるだろう。図1は以下のように分担して、同時に取り組ませて作成したものである。

A…実験のデータを表に入力する係

B…撮影した写真を添付する係

C…グループで話し合った考察を入力する係

D…へこみ方のスケッチ写真を添付する係

　実験ごとに作成することで、見やすく表現ができるようになってきている。

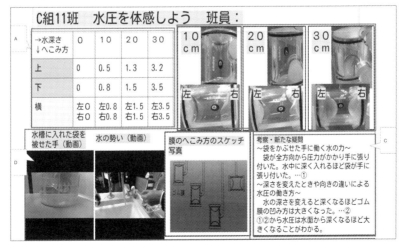

図1　グループで作成した水中で働く力についてのレポート

4 協働的な学びの充実を図るために

(1)スライドを使って共有する

　図2は、3年「酸とアルカリ」の学習において、ホワイトボードやGoogle Jamboardを使って話し合い活動やモデル作りをし、スライドに貼り付けたものである。スライドを共有することで、各自の端末から見ることができる。発表の場面でも、スライドを見ながら聞くことができるので、より伝わりやすくなった。手書きが得意な生徒は手書きで、端末が得意な生徒は端末で行うなど、自分の好みに合わせて選択させることができる。同じものをたくさん使用するような場合は、コピー機能が使える端末が適している。

　例えば、元素記号や粒子をたくさん使う内容については、大きさを整えたり、レイアウトを自由に変えたりすることができる。複雑な図形やコピーが必要ないものは、手書きの方が作りやすいだろう。

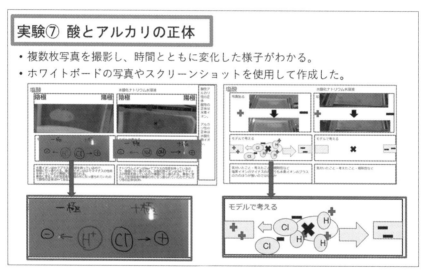

図2　ホワイトボードやアプリを活用した事例

　スライドは、グループごとに同じファイルをコピーして作成しているため、他のグループのものを参考にすることができる。また、よいスライドは他学級のものとまとめ、学年で見られるようにすると、休んでしまった生徒や最後まで実験をやりきれなかったグループも参考にすることができるし、レポートのまとめ方を知る手掛かりにもなる。またスライドのノート機能に赤字でもっとよくできるところを書き込んだり、評価の結果を記載したりすると、次のスライドづくりにも生かせる。

(2)実験結果を撮影して共有する

　図3は、棒磁石のまわりの磁力線を確かめる実験である。この実験では、方位磁針が狂っているものが混ざっていたり、鉄粉を一様に撒くことができなかったりするグループが出てくる。例

えば、図3の右側の鉄粉は撒きすぎていたり、偏っていたりしてうまくいかず、自分のグループだけでは規則性を見いだしにくい。このように共有して、他のグループのものを見ることで、自分の実験の成功と失敗を把握することができ、やり直しをしなくても、実験の結果を確認することができる。探究の過程でスライドを作成する計画を立てると、常に生徒も探究を意識しながら授業に取り組むため、スライドも充実したものになるだろう。

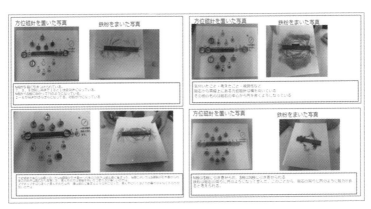

図3　棒磁石の磁界に関する実験結果を示したスライド

図4は電解質か非電解質かを調べるために行った実験をまとめたものである。結果が分かりやすいような撮影の仕方を指示することも重要である。例えば、電流計で測定しているのであれば、必ず電流の大きさが見えるように撮影したり、電流の大きさや水溶液が何かをペン機能で書き込んだりすると、より分かりやすく示すことができる。

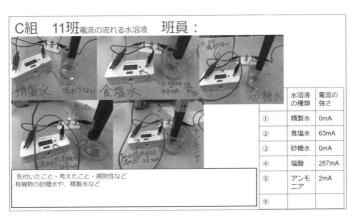

図4　電解質と非電解質の水溶液のスライドレポート

(3) 動画を使うと、言葉で表現しにくい内容も共有できる

図5は、電磁誘導で発生させた電流の大きさについて考察したスライドである。ここでは、電磁誘導の様子を動画に撮影することで、磁石をどれくらいの速度で動かすと、電流の大きさの値が変化するのかを理解することができる。生徒が「ゆっくり」動かす速度は、遅すぎて電流がほとんど発生しないこともあるため、「ゆっくり動かすと電磁誘導は起こらない」と結論付けるグ

| コイルの巻き数50回 | コイルの巻き数100回 |

○ 電流を強くする方法：磁石の出し入れの速さを速くする。

○ 気付いたこと・考えたこと・規則性など
- コイルに磁石を出し入れするときに電流が流れる。
- 電流を強くするにはコイルの巻数を増やしたり、磁石の出し入れをするスピードを早くすることで、電流を強くすることができる、ということが分かった。
- 磁石の入れる向きを逆にすると流れる電流が+から-に変化した。

図5　電磁誘導による誘導電流の大きさ

ループも出てくる。そこで、動画を見ると、速度の変化によって誘導電流の大きさが異なることに気付き、動かし方が「遅すぎた」ということを理解することができる。磁界が変化するためにどの程度の速度が必要かを理解させるためにも、各グループの動画撮影は重要である。また、磁力の強さの違いや、コイルの巻き数による誘導電流の大きさの変化についても電流の値を数字で記録するだけでなく、電流計の振れ方を動画で示すことで、その電流の大きさの変化が視覚的に分かり、根拠を伝えやすくなる。

(4)表計算ソフトを使って結果を一覧表示

　図6は、表計算ソフトを使って、電解質と非電解質の水溶液についてグループごとにまとめたものである。生徒は、どんな水溶液なら電流が流れるのか、経験をもとに仮説を考え、実験計画を立てる。各グループの結果で各々考察をした後、全グループの結果から振り返りを行う。

一班　班員：安藤　上野					2班　班員：渥美　上森　金子				
電流が流れた水溶液	電流の強さ	気付いたこと	電流が流れない水溶液	気付いたこと	電流が流れた水溶液	電流の強さ	気付いたこと	電流が流れない水溶液	気付いたこと
食塩水	0.02A	電流が流れた	砂糖水	電流が流れなかった	食塩水	0・05A	泡が出てきて茶色になった。	精製水	
酢	0.001A	電流が流れた	硫黄水	電流が流れなかった	塩酸	0．38A	豆電球が他に比べ明るく光った	砂糖水	
塩酸	0.07A	電流が流れた	精製水	電流が流れなかった	酢酸	0．002A	電流がとても小さく、豆電球の光は見えなかった。	エタノール	有機物
考察		有機物は電流を流さない			考察	精製水や食塩には電流が流れなかったが、食塩水にはでんき流がながれた。このことから、食塩水のなかで何かしらの変化が起きる				

4班　班員：　琢磨・小山・庄島					5班　班員：嶋田　菅原　髙橋				
電流が流れた水溶液	電流の強さ	気付いたこと	電流が流れない水溶液	気付いたこと	電流が流れた水溶液	電流の強さ	気付いたこと	電流が流れない水溶液	気付いたこと
食塩水	0．08	無機物　中性	精製水		食塩水	0．054	無機物	精製水	
塩酸	0．25	無機物　酸性	砂糖水	有機物　中性	塩化アンモニウム	0．129	無機物	砂糖水	有機物
石灰水	0．25	無機物　アルカリ性	エタノール	有機物　中性	塩酸			炭酸水	有機物
お酢	0．004	無機物　酸性						エタノール	
アンモニア水	0．002	無機物　アルカリ性							
考察		有機物と気体は電気が流れなく無機物は電気が流れる			考察	電流を流すのは無機物だと考える。理由は食塩水は電気を通すが砂糖水は電				

シート1　クラスまとめ

図6　電解質と非電解質の水溶液のまとめ

　図7は、すべてのグループの結果が1枚のシートにリンクされるようにしたものである。各グループの電解質と非電解質の水溶液と電流の大きさが1つの列に表示されるようになっている。自分のグループで実験した物質以外にもたくさんの物質を扱えるようになるため、共通点や相違点を考察しやすくなる。

　実験が失敗しても、他のグループの結果から振り返りができるため、誤概念をもったままで終わることもなくなると考えられる。グループごとに発表を繰り返す中で、何が間違いの原因だったのか気付くことができるようになってくると、徐々に考察の質が高まり、実験中でも間違えに気付いたり、結果を振り返って再検討できたりするようになる。

電流が流れた物質	電流の強さ	メモ	電流が流れない物質	メモ
硫酸	0.26	見た目に変化なし	酢	特になし
アンモニア	0.027	見た目に変化なし	砂糖水	特になし
お酢	0.04mA		砂糖水	
お酢	0・01		砂糖水	
紅茶	0．03		エタノール	
紅茶花伝				
食塩水	0.106	黄色くなった	デンプンと水	
食塩水	0.076		精製水	
食塩水	0.09		精製水	
食塩水	0.019A		精製水	
食塩水	0．06		精製水	
食塩水	40mA		精製水	
食塩水	0・02		酢	
食塩水	0.24	黄色くなった	アルコール	特になし
石灰水	0.024A		砂糖水	
炭酸水素ナトリウム水溶液	0.082		砂糖水	
硫酸銅水溶液	0.046			

ート1 ▼　　クラスまとめ ▼

図7　一枚のシートにリンクされている状態

粒子

粉末の正体を調べよう
―フローチャートを用いた計画―

教材　Google 図形描画

1　この授業で大切にしたいこと

　この授業では、生徒が既習の内容をもとに、見通しをもって計画を立て、観察・実験を行う。観察・実験の結果をもとに根拠を示して考察するなど、探究的な活動の基盤をつくる内容である。しかし、経験が乏しく、自ら観察・実験の計画を立てることが難しく感じる生徒も多い。本事例ではフローチャートを用いて、自分の思考を図に表しながら、話し合い活動を通して、観察・実験計画を立てていく。

2　使用する教材

　Google 図形描画（以下、図形描画）は、Google アカウントがあれば誰でも利用でき、Google Classroom（以下、Classroom）の共有機能で、グループのメンバーが一斉に編集することができるアプリである。Google JamboardやGoogle スライドなどでも図形の編集をすることができるが、図形内のテキストを編集したり、コピーして貼り付けたり、作業スペースを拡大したりするなど、フローチャートを編集しながら話し合う活動には図形描画が最も適していると考えられる。また、図形描画が使えない場合は、Microsoft PowerPointの図の挿入などで代用することもできる。

3　使用の手順

①Googleのトップページから Google アカウントでログインし、右上のアプリ選択から「ドライブ」を選択する。

②Google ドライブから「新規」を選択し、その他にある「Google 図形描画」を選択する（図1）。

③図や線を挿入し、フローチャート（図2）を作成する。このとき、図をグループ化

図1　選択画面

しておくと、フローチャートを拡張するときに便利である。

④③のフローチャートに実験内容と分類される物質名を記入していく（図3）。フローチャートを拡張するときは、図のコピー＆貼り付けをして増やしていく。

⑤作業スペースがなくなった場合は、表示倍率を小さくし、右下（図3・A）でスペースを広げることができる。

⑥画像などで保存したい場合は、「ファイル」を選択し、「ダウンロード」から画像として保存する。

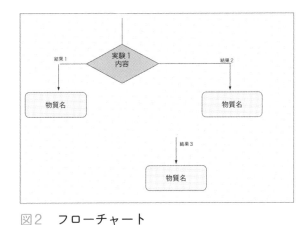

図2　フローチャート

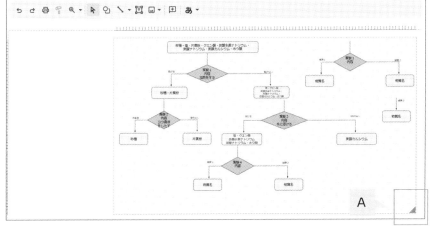

図3　粉末の分類のフローチャート

4 授業の流れ

(1)指導計画

　有機物・無機物についての観察・実験を行う際の計画にも使えるが、本事例では、身の回りの物質のまとめに探究活動として位置付ける。そうすることによって、観察・実験の内容が小学校で学んだことと、身の回りの物質で学んだことを含んだものとなる。また、インターネットで調べたり、資料集などから考えたりしてもよいことにする。観察・実験の時間では、結果とフローチャートを比較しながら再実験や再検討にも取り組み、レポートとして提出する。

探究活動「粉末の分類」（全3時間）

時間	小項目	内容
1		実験計画の立案【本時】
1	粉末の分類	観察・実験
1		再観察・再実験 レポートの作成

(2) 本時の展開

フローチャートを使いながら、見通しをもって観察・実験の計画を立てる。

第1時「実験計画の立案」

時間	生徒の学習活動	教師の指導・支援	学びの形態
5分	1 課題を把握する。	調べる粉末の薬品データー覧表（図4）を配付し、粉末の比較をさせる。	学級
	課題：物質の性質をもとに、フォローチャートを使って粉末を分類する実験を計画しよう		
5分	2 図形描画の使い方を理解する	ClassroomでURLまたは二次元コードを示す。	1人 図形描画
10分	3 観察・実験内容を検討する。 ● 分類するために考えられる観察・実験内容、結果を図形描画のフローチャートに入力する。	粉末やデータベース、教科書などを用いて、観察・実験を検討させる。ここでは、フローチャートを組み立てることはせず、考えられる観察・実験を上げていく。机間指導や図形描画の画面を確認しながら、粉末をなめることなど、できない観察・実験については注意する。	グループ 図形描画
5分	4 観察・実験内容を発表する。 ● 他グループの図形描画を見ながら、よい観察・実験を自分たちの案に加える。	Classroomを用いて図形描画を共有する。	学級 Classroom
20分	4 観察・実験の再検討をする。 ● フローチャートを行う観察・実験順に並べて変え、物質を特定する流れを考える。 ● 観察・実験の手順や器具を具体的に考える。	時間に限りがあるため、最小の方法数で観察・実験できるように指導する。Googleスプレッドシートに観察・実験の手順と器具を入力させる。	グループ 図形描画 Googleスプレッドシート
5分	6 観察・実験の手順と器具を確認する。	観察・実験の留意点を確認させ、Googleスプレッドシートを提出させる。	グループ 図形描画

本事例では、砂糖・塩・片栗粉・クエン酸・炭酸水素ナトリウム・炭酸ナトリウム・炭酸カルシウム・ホウ酸の8種類の白い粉末の分類を行った。薬品データー覧表（図4）を配付し、観察・実験の計画を立てさせた。観察・実験では、保護メガネの着用や十分な換気による安全性の確保、実験器具の適切な使用と操作の確認を随時行い、事故防止に留意していく。また、使う試薬の量は少量にし、廃棄物の処理なども適切に指示し、環境への影響も考えながら取り組むように指導する。

図4　データベース

5 協働的な学びの充実を図るために

分担しながら観察・実験の計画を立てる

　観察・実験1で粉末を2、3個に仲間分けすることができる。観察・実験2以降は、観察・実験1で分類した粉末の仲間ごとに分担をし、観察・実験の計画を立てる。そうすることによって、役割分担しながら、観察・実験に取り組むことができる。また、観察・実験をする際には、結果ごとに分担しながら、次の観察・実験を行うこともできる。順番に観察・実験をするよりもグループに分かれて行うことで、スムーズにたくさんの観察・実験を行うことができる。一人一人が自分の役割をもち、主体的に取り組み、協働的な学習につなげることができるだろう。

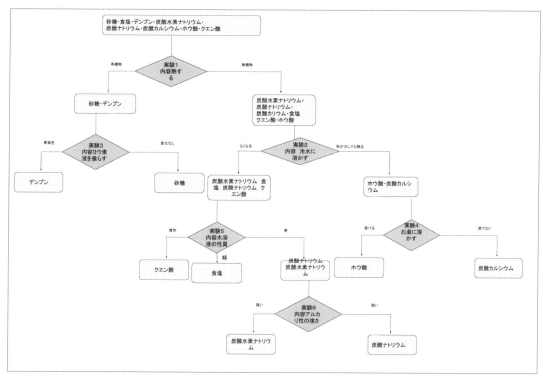

図5　実際に生徒が作った観察・実験計画

4 粉末の正体を調べよう ─ フローチャートを用いた計画 ─

折り紙とアラザンは本物の金と銀?
―実験で本物かどうか推定しよう―

教材 Google スライド

1 この授業で大切にしたいこと

　金色や銀色の折り紙、お菓子の装飾に使用されるアラザンは光沢があり、一見本物の金や銀に見える。しかし、金や銀は高級であるため、安価な折り紙に入れることができるのか、また、アラザンであれば食べることができるのかなど疑問は多い。本事例では、折り紙の金色や銀色、アラザンの表面が本物の金や銀と言えるのか、自分たちが考えた実験を通して結果をまとめ、推定させる。その際、Googleスライド（以下、スライド）の共有機能を使用してまとめていき、各グループで1つの結論を出していく。また、実験結果を撮影し、それらの写真をスライドに挿入することで、結果の様子がイメージしやすく、説得力のある内容になる。また、各自の端末から、他のグループのスライドも見ることができるため、協働的な活動につながる。

2 使用する教材

　スライドは Google アカウントがあれば誰でも使用でき、共有機能によって、グループのメンバーが一斉に編集することができるアプリである。Microsoft PowerPoint と同様に、プレゼンや結果を分かりやすくまとめることに適している。共有機能を使用すると、各グループのメンバーが同時に図や写真の挿入、文章の入力を行うことができ、協働的に1つの資料を仕上げることができる。また、それらをGoogle Classroom（以下、Classroom）などにアップすることで、学級内の生徒が各自の端末から一斉にその結果を見ることができる。

3 使用の手順

①Googleのトップページから Google アカウントでログインし、右上のアプリ選択から「スライド」を選択する（図1）。

②上部の「新しいスライドを作成する」から、目的に適した新規のスライドを作成する。

③右上の共有をクリックし、一般的なアクセスの「制限付き」を、教育委員会アカウントの場合は「○○教育委員会」、通常アカウント

図1　選択画面

の場合は「リンクを知っている全員」にする。また、その右側の部分を「編集者」にし、「アクセスするにはリンクが必要」にチェックを入れる（図2）。

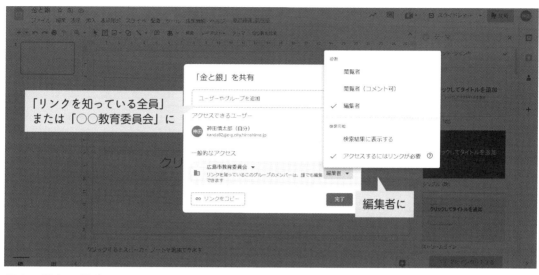

図2　共有の設定画面

④生徒がスライドにアクセスする際には、以下の2つのパターンのどちらかで行う。

(1) リンク先からアクセスさせる場合

「リンクをコピー」をクリックし、Classroom等の各生徒がアクセスできる場所にリンクを張り付け、ログインさせる。

図3　Classroomからアクセスさせる場合

(2) Classroomからアクセスさせる場合

使用するクラスに課題のトピックを作成し、ドライブから作成したスライドをアップする。そ

の際、アップしたファイルは「生徒がファイルを編集できる」を選んでおく。

⑤グループ数に応じて、②〜④の作業を繰り返す。

3 授業の流れ

(1) 指導計画

様々な物質の特性に関しての観察・実験を行い、物質には固有の性質があり、それらの特徴によって物質は分類されること、それらの性質を理解し、実験を行うと、物質を推定できることを理解させたい。

本時では、金色と銀色の折り紙とアラザンを使用し、電流が流れるか流れないのか、光沢の様子、磁石との反応などで、本物の金や銀か推定を行う。

「身の回りの物質とその性質」(全9時間)

時間	小項目	内容
2	有機物と無機物	ガスバーナーの使い方
1		生徒実験「砂糖と食塩の違い」
1		生徒実験「白い粉Xの推定」
1	金属と非金属	生徒実験「折り紙とアラザンの金と銀が本物か推定」【本時】
2	物質の密度	生徒実験「密度による金属の推定」
1		生徒実験「密度による現象の考察」

(2) 本時の展開

第5時「折り紙とアラザンの金と銀が本物か推定する」

時間	生徒の学習活動	教師の指導・支援	学びの形態
5分	1 課題を把握する。		
	課題：金色や銀色の折り紙やアラザンが本物の金や銀か推定しよう。		
25分	2 各グループで実験を行いながら、写真で記録を撮ったり、スライドにまとめたりしていく。	教員の端末から各グループの進行状況を確認し、状況に応じて全体へ示すなど、グループ別に対応する。	グループ スライド
15分	4 グループごとにまとめたものを全体で確認し、その結果の妥当性を検討する。	各自の端末から各グループの結果を見るよう、指示する。	学級 スライド
5分	5 振り返り		1人

生徒が各自の端末から指定されたスライドにアクセスし、協働的に行った実験をまとめていくことで、金色と銀色の折り紙とアラザンが本物の金や銀か推定する。

金や銀の折り紙やアラザンの写真を見せ、これらが本物の金や銀か、実験を通して推定してほしいと伝える。また、実験結果などは写真に撮り、スライドにまとめるよう指示する（図3）。その際に、各グループ

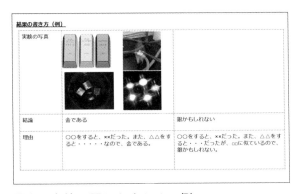

図3 生徒に示したまとめの例

が指定されたスライドにまとめていくことも伝える。本事例では、電池、導線、豆電球、薬さじ、クロスを用意し、電流が流れるか、磨くと光沢が出るか、たたくとのびるかなどを行えるようにした。グループ内で実験を分担し、実験の様子を相互に撮影しておくと、スライドにまとめる際に一斉に挿入、書き込みができて便利である。実験がなかなか進まないグループがいるようなら、一旦全体を止め、ある程度まとめが進んだグループのスライドを掲示し、どのようなことを行えばよいのか例示しながら支援を行う。

　授業の終末では、各自の端末からそれぞれのグループのスライドに入り、結果や考察の確認を行う。結果や考察を共有化することで、自分たちの結論と他のグループの結論を比較し、自分たちの結論を再検討する。また、その結論の妥当性を全体で検討し、まとめを行う（図4）。

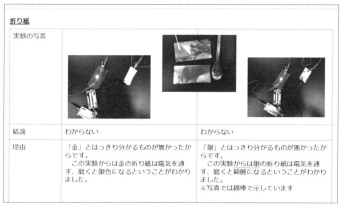

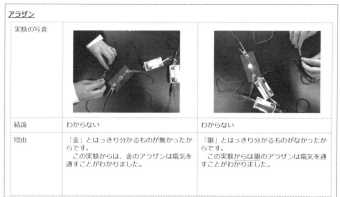

図4　生徒がまとめた実験結果と結論[1]

4　協働的な学びの充実を図るために

(1) グループごとに言語化、図示化することで学習が深まる

　本事例では、実験、その結果の処理、考察、まとめまでをグループで行った。1つのスライドに結果や考察を協働的にまとめていくためには、自分たちで行った実験の中で、どの実験結果を使用すれば、伝えたいことが相手に伝わり、また、説得力が増すのか、グループで取捨選択していく必要がある。スライドの作成過程において、自分たちの考えを言語化すること、実験結果の

写真を比較し、見やすいように図示化することによって、考えを整理するとともに、新たな発見や事象への気付きももてる。スライドは、自分たちの考えを言語化、図示化することで、考察を活発化しながら論理的にまとめることのできるツールとして位置付けられる。

　文字だけの記録では、どのような結果だったか、その瞬間の記録を振り返り、事象を多角的に考えるのが難しい面がある。本事例では、電流が流れて豆電球がついたことや、光沢が見られることなどを写真で記録することによって、金属の特徴についての共通点を見いだし、複数の視点から多角的に結論を出すことができた。

(2)スライドは他の単元でも応用できる

　スライドをグループで共有・編集すると、結果の写真記録等から、実験前・実験後の変化を比較し、より考察が深まる。また、自分たちのグループだけではなく、他のグループの実験結果とも瞬時に比較ができ、自分たちの考察の妥当性も検討できる。本事例の他にも、1年エネルギー領域「力」の「液体における摩擦の変化」や（図5）、3年粒子領域「酸・アルカリ」の「謎の液体を当ててみよう」（図6）などでも応用が可能である。

　例えば、図5の1年エネルギー領域「力」の「液体における摩擦の変化」では、「エジプトで何かを建設する際に、何か液体を撒いて像を運んでいた壁画が見つかった。何の液体だと、スムースに運べるのかな?」といった課題を掲示し、実際に何もない状態でやすりの上を引っ張る場合と、水、食塩水、オリーブオイルの各液体による摩擦を計測した。数値だけでなく画像も入れると、その様子や実際の数値、特に細かい数値や、引く際の変化なども見比べることができる。

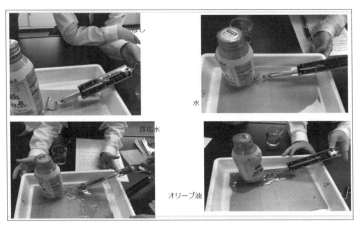

図5　液体による摩擦の違いを比較してまとめたスライド[*1]

　また、図6の3年粒子領域「酸・アルカリ」の「謎の液体を当ててみよう」では、うすい塩酸、レモン水、弱酸性とうたっているボディーソープ、うすいアンモニア水の4種類をどれか推定していく課題を出した。通常のプリントであれば「うすい黄色」や「オレンジ」といった表現だけで、各生徒がイメージする色が異なるが、実験結果を画像として入れることで、共通した認識をもつことができる、また、実験結果の記録忘れを補ったり、他の結果との比較を容易にしたりす

ラベルの色	赤	黄色	緑	青
pH試験紙	赤	オレンジ	うすい黄色	青
BTB溶液	黄色	黄色	黄緑	青
フェノールフタレイン溶液	反応なし	反応なし	反応なし	赤
水溶液の性質	酸性	酸性	酸性から中性	アルカリ性
推定される液体	塩酸	レモン	ボディーソープ	アンモニア水

図6　謎の水溶液を実験から推定してまとめたスライド[*1]

る。また、協働的に入力することで、生徒の話し合い活動も活発になる。

　図7の2年地球領域「天気の変化と大気の動き」における「気象観測」では、各生徒が、それぞれの気象情報の観測を担当し、入力していくことで、効率的に観測ができる。また、雲の量なども画像に残せば、実際に何割か検討することもできるといったペーパーベースにはないメリットがある。

　なお、表1にまとめたように、各学年・各領域での応用が可能である。実験結果から考察への流れがスムースになり、考察が深化することが期待される。

<今日の天気>

日付：2023年　1月　20日		場所：靴箱前	
時刻：　10：26			
気温：　15.9℃	湿度（%）33 %	気圧：1009.4hPa	
風向：南南東	風力：2		
雪量：3割	天気：晴れ	雲形：巻雲（すじ雲）	

図7　気象変化の記録を各グループでまとめた結果

表1　スライドに協働的に結果をまとめていく各学年・各領域での観察・実験応用例

	エネルギー（物理）	粒子（化学）	生命（生物）	地球（地学）	環境（環境）
1年	●摩擦により力の違い ●光の屈折の変化	●金属・非金属の比較 ●密度による物質の同定	●単子葉類・双子葉類の比較 ●動物の特性の比較	●火山のモデル実験の比較 ●岩石の比較	
2年	●直列・並列回路の実験比較 ●誘導電流の発生の様子	●酸化銅の還元による変化 ●質量保存の法則の実験	●唾液によるデンプンの消化 ●植物の作りの比較	●気象変化の記録とまとめ	
3年	●斜面角度での速さの変化 ●エネルギー変化の様子	●酸・アルカリの試薬の変化 ●電池作成の実験	●細胞分裂の観察	●金星・月の見え方の変化 ●日周運動の記録	●分解者による有機物の変化

註

*1　神田慎太郎（広島市立早稲田中学校）実践事例　kant_science　https://kantscience2.webnode.jp/

2年／物質の成り立ち

粒子

予想を共有するための Google Jamboardの活用

教材　Google Jamboard

1 この授業で大切にしたいこと

　生徒が見通しをもって実験を行うためには、予想の場面において、生徒同士が様々な意見を出し合える場を設定することが重要である。ただ、限られた授業時間の中で、生徒一人一人の意見を学級全体に反映させることは容易ではない。そこで、Google Jamboard（以下、Jamboard）を利用し、各生徒の予想を学級全体でリアルタイムに共有し、お互いに意見交換をする機会を設けることによって、生徒が見通しをもって実験に取り組めるようにした。

2 使用する教材

　Jamboardは、Googleが無料で提供しているデジタルホワイトボードである。この教材では、白紙の画面上に描画やテキストの挿入、コメント入りの付箋を添付することなどができる。さらに、複数のデバイスで共同編集を行うことにより、生徒同士の意見をリアルタイムに共有させることが可能になる。

　Jamboardを使用するためには、授業者が Google アカウントを取得することが必要である。ただし、生徒が Google アカウントを取得する必要はなく、授業者が生徒にリンクURLや二次元コードを提供するだけで、誰でも使用することができる。専用アプリをダウンロードする必要がなく、ブラウザベースで使用できるため、学校現場で活用しやすい教材であると言える。

3 授業の流れ

(1)指導計画

　物質の分解についての実験を行い、物質を加熱したり、電流を流したりすることによって、1種類の物質から2種類以上の元の物質とは異なる物質が生成することを見いだすようにする。さらに、物質は原子や分子からできていることを理解できるよう

「物質の成り立ち」（全9時間）

時間	小項目	内容
4	物質の分解	物質の熱分解【本時】 生徒実験「炭酸水素ナトリウムの分解」 演示実験「酸化銀の分解」
2		物質の電気分解 生徒実験「水の電気分解」
1	原子・分子	原子の性質
2		分子と化学式

にし、元素記号や化学式の書き方について指導する。本時では、炭酸水素ナトリウムの加熱による変化について、生徒同士で意見交換をしながら実験結果を予想する。

（2）本時の展開

生徒が各自の端末を操作し、Jamboardに実験の予想を書き込む活動を通して、炭酸水素ナトリウムを加熱したときの変化を予想する。

第1時「物質の熱分解」

時間	生徒の学習活動	教師の指導・支援	学びの形態
10分	1 課題を把握する。	ベーキングパウダーを入れたホットケーキの生地（きじ）と、ベーキングパウダーを入れないホットケーキの生地を同時に焼き、そのふくらみ方の違いを見せる。	学級
	課題：ベーキングパウダー（炭酸水素ナトリウム）を入れた生地を加熱したときに、生地がふくらむ理由を考えよう。		
5分	2 自分の考えをノートに書く。	ベーキングパウダー（炭酸水素ナトリウム）の存在の有無が、生地のふくらみ方に影響していることをおさえる。	1人
15分	3 グループで話し合い、出てきた意見をJamboardに書き込む。	Jamboardのリンク URLや二次元コードを生徒に示し、共同編集を行わせる。	グループ Jamboard
15分	4 考え方が近い意見同士をまとめる。	Jamboardの画面をモニターに投影しながら、出てきた意見の内容の確認および整理を行う。	学級 Jamboard
5分	5 振り返り	自分自身の考えと各グループから出た意見を比較し、予想を再検討させる。	1人

学習活動3の場面では、Jamboardにグループの意見を書かせ、端末の画面上ですべてのグループの意見をリアルタイムで共有できるようにした（図1）。なかなか考えがまとまらないグループには、他のグループの意見を参考にしながら自分たちの意見を整理する様子が見られた。

学習活動4の場面では、すべてのグループの意見が出た時点で、考え方が近い意見同士をまとめる活動を行った。Jamboardでは、コメント入りの付箋の位置や大きさ

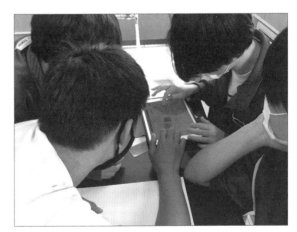

図1　グループの意見を書き込む様子

を自由に変えられるため、バラバラに配置された各グループの意見をいくつかに仲間分けすることができる。このことにより、ホットケーキの生地がふくらんだ理由として、生徒たちが次の4つの考えをもっていたことが分かった（図2）。

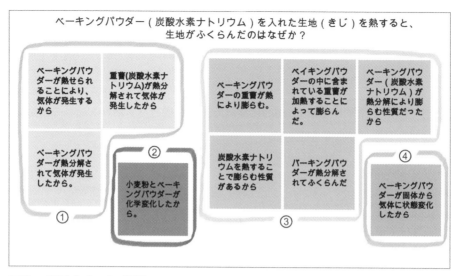

図2　意見を４つに分類

①炭酸水素ナトリウムが熱分解されて気体が発生したから。

②生地にふくまれている小麦粉と、炭酸水素ナトリウムとの間で化学変化が起こったから。

③炭酸水素ナトリウムには、加熱すると（物質そのものが）ふくらむ性質があるから。

④炭酸水素ナトリウムが固体から気体に状態変化したから。

　ここで、生徒に自分自身の予想が①〜④のどの考えに近いか質問したところ、①の考えが近いと答えた生徒が最も多かった一方で、②〜④の考えが近いと答えた生徒もそれぞれ複数いた。授業の終末の場面では、このような多様な考えがあることを生徒に確認させた上で、自分自身の予想を明確にもって実験に臨むように指導することが大切である。

4　協働的な学びの充実を図るために

(1) 予想場面でJamboardを使用するメリット

　Jamboardを使用することによって、生徒たちは自分の考えを手軽に発表したり、より活発な話し合いを行ったりすることができた。そして、他の人の多様な意見をリアルタイムで共有することにより、自分の考えを自ら修正・改善する様子が見られた。

　このように、Jamboardを実験の予想場面で活用することは、生徒の多様な意見を引き出したり、生徒自身の考えを検討・改善したりする上で有効であると考えられる。また、簡単な操作によって様々な意見を視覚的に分類することができるため、思考を助ける効果も期待できる。なお、今回と同様の取り組みは他の観察・実験でも可能なため、様々な場面でJamboardを活用することが考えられるだろう。

(2)Jamboardの効果的な活用例

　他の観察・実験におけるJamboardの活用例として、火成岩の観察を行う授業について紹介する。火成岩の特徴を理解するには、観察によって各生徒が気付いたことを全体で共有し、それらの共通点や相違点を見いだす活動を行うことが効果的である。そこで、観察する場面でJamboardを使用し、生徒が観察を通して気付いたことを自由に記述する取り組みを行った。その後、学級全体で話し合いながら、似ている意見同士をまとめ、それぞれの意見の共通点や相違点を整理した（図3）。さらに、火成岩に含まれる鉱物の色や形などの特徴に注目し、それらの特徴について学級全体で確認した。

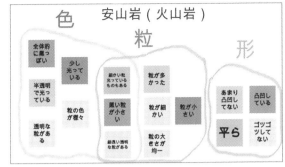
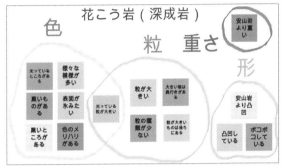

図3　火成岩の観察を通して気付いたこと

　この実践では、観察を通して気付いたことを自由に記述させたため、短時間に数多くの意見を引き出すことができた。出てきた意見の中には事実と異なる内容も含まれていたが、他者の意見と比較することで、生徒たちはより妥当な考え方を見いだすことができていた。

(3)活発な意見交換が協働的な学びにつながる

　Jamboardの使用を通して、自分の考えを気軽に発表したり、他者の意見をすぐに取り入れたりする生徒の姿が見られた。通常の授業ではあまり発言できない生徒でも、Jamboardを使えば自分の意見を表現できる場合も多い。さらに、観察・実験を通して気付いたことを自由に記述する取り組みは、主体的に学習に取り組む態度を向上させたり、より妥当な考え方を見いだす能力を高めたりすることも期待される。生徒の自由な発想を大切にしながら、多様な考え方を引き出すための手段として効果的であると考えられる。

地球

地球の大気の動きから天気の変化へ
―ダジック・アースを活用して―

教材 Dagik Earth（ダジック・アース）デジタル地球儀
https://www.dagik.net

1　この授業で大切にしたいこと

　この授業では、天気の周期的な変化から、日本付近や地球規模の大気の動きについて考えることをねらいとしている。気象単元では、まず気象観測を行うことで気象を点で捉え、気圧の差による大気の動きや水蒸気の変化について学習し、それらの知識を総合して、雲の形成や前線による天気の変化につながっていることを学習してきている。

　ここでは、天気の周期的な変化から視点を地球規模に広げ、地球全体の熱平衡と大気の動きとの関連について考える。学習を通して、気象現象には法則が成り立つこと、多くの現象が科学的に根拠に基づいて説明できることを理解させていきたい。

　そして、気象現象を俯瞰的に捉えるためには端末の活用が有効である。本事例では、地球科学データベース「ダジック・アース」を使って、地球規模の大気の動きについて考える。地球領域の学習では、広い範囲の現象やその変化を捉えることが重要であり、端末の活用は欠かせない。また、思考を深めたり、知識を整理したりするために、ロイロノート・スクール（以下、ロイロノート）のような生徒一人一人の考えを共有できる学習支援アプリの活用が有効である。

2　使用する教材

　この授業では、Web版ダジック・アース、天気図・気象衛星画像（tenki.jp）、ロイロノートを使用する。

　ダジック・アースは、京都大学大学院理学研究科の地球惑星科学輻合部可視化グループ（齊藤昭則准教授）が中心になって進めているプロジェクトで、地球や惑星についての学習を楽しむために、学校や科学館や家庭等で利用することを目的としている。このコンテンツは、地球や惑星を立体的に表示できること、気象以外にも天体や地震等の地球科学に関するデータが豊富であることが特徴である。利用方法として、Web版、アプリ版、DVDがあり、教育目的であれば無料で利用することができる。

　バランスボールのような立体的な球体に投影することで、地球の上空から俯瞰するようにダイナミックに現象を捉えることができる。さらに、各自の端末で利用できるようになったことで、全体では地球を俯瞰するように、個人またはグループでは生徒の手で実際に動かしてというよう

に、使い方を分けることによって深い思考を促すことができるだろう。

3　使用の手順

①Web版ダジック・アースの画面から「最近の雲と雨の分布」をタップする（図1）。

②地球の表面を動かして、見たい地域の大気の動きを自由に観察する。（図2）

③画面上のアイコンで緯線、経線の追加や、大気の速度の変更もできる。（図2）

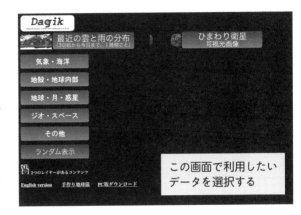

図1　選択画面

図2　最近の雲と雨の分布

4　授業の流れ

(1)指導計画

　大気の動きの学習については、日本の天気の後に配置している教科書と、前線と天気の変化の後に配置している教科書がある。ここでは、前線と天気の変化の後に学習す

「天気の変化」（全8時間）

時間	内容
5	空気中の水蒸気の変化 ●露点と湿度（実験「露点の測定」） ●雨や雲のでき方（実験「雲のでき方」）
2	前線と天気の変化 ●前線　　●前線の通過
1	日本付近の大気の動き【本時】

る場合の計画を示す。

　本時では、前線の通過で学習したことを生かして、5日間の連続した天気図や雲画像から、天気の変化を周期的に捉えた後、日本付近の大気はどのように動いているか考える。さらに、地球規模に範囲を広げ、日本付近の天気の動きが、地球全体の大気の動きにどのように影響を受けているか、その原因はどのようなことかを考えさせていく。

(2) 本時の展開

　本時では、5日分の天気図・雲画像から天気の周期的な動きを捉え、Web版ダジック・アースを全体で観察して地球規模の大気の動きを捉え、その原因をロイロノートのカードにまとめる。グループで意見交換することで考えを深め、最終的に自分の考えをまとめていく。

第8時「日本付近の大気の動き」

時間	生徒の学習活動	教師の指導・支援	学びの形態
導入 5分	●ロイロノートで送られた5日分の天気図を見る。	●何人かの生徒に天気図を見て気が付いたことを聞く。	学級
	課題1：日本付近の大気はどのように動いているのだろうか		
展開1 10分	●5日分の天気図を見て、移動性高気圧と温帯低気圧の移動についてワークシートにまとめる。	●何人かの生徒に記述内容について聞く。	1人 tenki.jp
	課題2：地球全体では、大気はどのように動いているのだろうか		学級
展開2 30分	●ダジック・アースを用いて、地球全体の雲の動きが赤道から極に向かって動いていることを確認。 ●場所によって受けている太陽エネルギーの違いについて説明を聞く。 ●偏西風やその蛇行について説明を聞く。	●地理で学習した気候区分などを思い出させる。	Web版 ダジック・アース
	問い：なぜ偏西風は蛇行しているのだろうか。これまで学習したことや、地球全体の大気の動きから考えよう。		
	●問いに対する考えをロイロノートのカードにまとめ、提出箱に提出する。 **考えの共有** ●グループで、自分の提出した考えについて説明したり、他の人の考えを聞いたりする。 ●別のグループを作り、意見交換をする。 ●最終的な自分の考えをまとめる。	●他の人の答えを見て考えが変わった場合、書き直してもよいことを伝える。	グループ Web版 ダジック・アース ロイロノート
まとめ 5分	●これまで学習した気象現象がわずか11km程の大気中で起こっていることについて説明を聞く。		学級

ダジック・アースの映像を球状の大きなスクリーンに投影するときは、立ち歩いて自由に観察させる（図3）。さらに、個人の考えをまとめる際は、端末を用いて手元で画面を動かしたり、速度を変えてみたりして個人で観察し、それをもとに考察させる。

グループ活動の前に、ロイロノートで自分の考えをまとめ、一度提出させた後、回答共有機能を用いて、全員が見られるようにする。グループ内で意見交換をする際には、相手に自分のカードを表示するように伝えさせる（図4）。

図3　ダジック・アースの映像を半円形のスクリーンに投影している様子

身近な天気の変化から範囲を広げ、地球規模の大気の動きについて捉えることで、日本付近特有の大気の動きを空間的に捉え、深い理解を促していきたい。

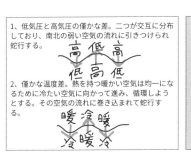

1、低気圧と高気圧の僅かな差。二つが交互に分布しており、南北の弱い空気の流れに引きつけられ蛇行する。

高　低　高
低　高　低

2、僅かな温度差。熱を持つ暖かい空気は均一になるために冷たい空気に向かって進み、循環しようとする。その空気の流れに巻き込まれて蛇行する。

暖　冷　暖
冷　暖　冷

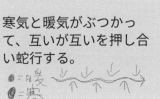

寒気と暖気がぶつかって、互いが互いを押し合い蛇行する。

空気は高い温度は上昇し、低い温度は降下しようとするから、気流の流れを生じさせるとおもう。そしてそれが混ざり合おうとし、渦ができる。すると風が曲がるが、赤道に近づくと暖気が冷気に押さ戻ってしまう。そしてまた赤道に近づく。これを繰り返すことで蛇行すると思う。

図4　生徒が作成したロイロノートのカード

5　協働的な学びの充実を図るために

(1) 段階的な端末活用の工夫

まず、狭い範囲の天気の変化を捉えるために、tenki.jpの天気図と雲画像を活用し、周期的な天気の変化を調べる。次にダジック・アースを用いることで、巨視的な視点で天気の変化を考えられるように工夫する。

(2) 多くの人と意見交換

ダジック・アースによる事象の観察は、個人で時間をかけて行い、考察はロイロノートを活用する。ロイロノートの回答共有機能を用いることで、学級内の誰でもカードを読むことができる。本事例では、グループ内の自分のカードを表示し、グループを変えて2回意見交換を行っているが、2回目の共有が難しい場合は他の人のカードを自由に読むことで、他の人の考えを知ることができる。このように、観察は個人や少人数で、意見交換は多くの人と行うことで、より考えが深まると考えられる。

ロイロノートを活用した探究的な学び

教材 ロイロノート・スクール

1 この授業で大切にしたいこと

遺伝という現象は、私たちにとって身近なものであり、生命誕生からずっと続く神秘的な現象でもある。また、古くから品種改良として人類の営みに大きな発展をもたらしただけでなく、近年のテクノロジーの発展により、医療や考古学など様々な分野でも利用されるようになった。これらの技術がどのように利用されているのか、単元の最後に、世の中とのつながりが深いテーマで、調べ学習を行った。

この授業を設定する際に、教師は教える側ではなく、ファシリテーターとしての役割が重要になるため、生徒同士の相互評価や、課題の最終的な評価についても、評価基準を共有し、主体的に学ぶ方向性を示した。

表1 学んだ内容と世の中とのつながりを実感

授業での活動		ICTの活用の場面
知識の活用	①	生徒同士の相互評価
調べ学習	②	調べ学習の情報共有
まとめ	③	情報の整理
発表	④	互いの成果をはかる

「生命のつながり」（全5時＋個人課題）

時間	内容
1	6つの課題から1つテーマを選ぶ ①遺伝子組み換え食品について（調べ学習） ②遺伝子組み換え食品について（パネルディスカッション） ③骨髄バンクのしくみ ～なぜたくさんのドナーが必要なのか～ ④おいしい苺が食べたい ⑤伊達政宗はB型?! ⑥チワワも犬、ラブラドールも犬。犬って何? 「有性生殖と無性生殖」「メンデルの法則」について、それぞれわかりやすくまとめてみよう
2	課題について、グループごとに調べ学習をする
1	課題について、グループごとに発表のスライドと原稿を作成する
1	グループごとに発表、相互評価をする
個人課題	単元末レポートを作成する

2 使用する教材

授業支援アプリのロイロノート・スクール（以下、ロイロノート）を使用する。

3 使用の手順

①アンケート機能で6つの課題を選択させ、グループを作る。

②6つの課題ごとに「共有ノート」を作成し、グループ内でノートを共有する。

4 授業の流れ

（2）評価基準の作成

生物の多様性、遺伝子の伝わり方を学ぶ上で、観点ごとに目標とする生徒の姿を定める。

「A」＝十分満足できる　「B」＝おおむね満足できる　「C」＝努力を要する

	知識・技能	思考・判断・表現	主体的に取り組む態度
A	生物の殖え方と細胞分裂の関係、染色体と親子の関係や、引き継がれた遺伝子の由来によって発現する遺伝子の形質が決まることを理解している。	生殖において、親から引き継いだ染色体・遺伝子の組み合わせによって、生じた違いが、長い年月を経て生物にどのような影響を及ぼしたかを見いだした。	遺伝の規則性を学ぶ中で、学習した事柄が日常生活でも活用されていることを見いだし、新たな疑問をもった。また、遺伝の規則性と生物の多様性に触れ、生命を尊重する態度を育んだ。
B	生物が殖えるとき、遺伝子の引き継がれ方によって、発現する形質が決まることを理解している。	親から引き継がれた遺伝子の組み合わせによって、発現する形質に規則性があることを表現した。	遺伝の規則性が、日常生活でも活用されていることを見いだし、新たな疑問をもった。
C	生物の殖え方と、遺伝子の受け継がれ方に特徴があることを理解している。	生物が殖えるときに、親から子へ染色体が引き継がれ、遺伝子によって子の形質に影響することを表現した。	遺伝の規則性が日常生活で見られる現象であることに、関心をもった。

（3）本時の展開

第1時「6つの課題から1つテーマを選ぶ」

時間	生徒の学習活動	教師の指導・支援	学びの形態
5分	1 課題を把握する。	アンケート結果を提示し、自分が取り組みたいテーマを決めるよう促す。	ロイロノートのアンケート機能
15分	2 知識をアウトプットする		
	指示：「有性生殖と無性生殖について」「メンデルの法則について」それぞれ分かりやすくカードにまとめてみよう		1人
15分	3 相互評価をする。	「どうすると次のステップにつながるのか」について、よいフィードバックをピックアップして紹介する。	グループ ロイロノートのカード
15分	4 ①〜⑥の課題について、役割分担をしてから調べる	〈評価基準〉をもとに声かけをしながら机間指導を行う。	グループ ロイロノートの共有ノート

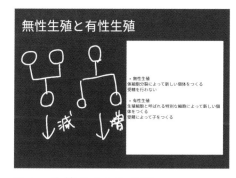

図1　生徒のまとめの例

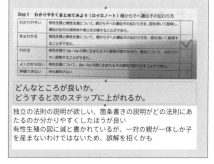

図2　生徒の相互評価の例

第2・3時「課題について、グループごとに調べ学習をする」

時間	生徒の学習活動	教師の指導・支援	学びの形態
5分	1 表の形式を確認する。	発表の形式について説明する。	ロイロノート
45分	2 ①〜⑥の課題について、調べる。	〈評価基準〉をもとに共有ノートの内容について、声かけを行いながら机間指導する。	グループ
	指示：「生殖」と「遺伝の法則」という観点で、①〜⑥の課題を調べるにあたって資料を整理してみよう。		ロイロノートの共有ノート

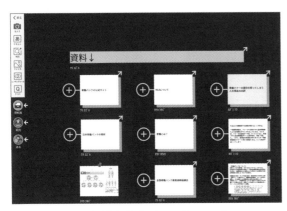

図3　集めた資料を共有するグループ

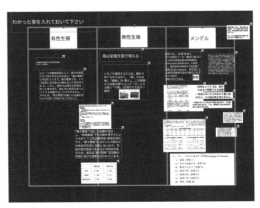

図4　集めた情報を系統立てて活用するグループ

第4時「課題について、グループごとに発表のスライドと原稿を作成する」

時間	生徒の学習活動	教師の指導・支援	学びの形態
5分	1 表の形式を確認する。	発表の評価規準について説明する。	
	指示：評価基準のAを目標に、発表のスライドと原稿をまとめてみよう。		
45分	2 ①〜⑥の課題について、発表のスライドと原稿を作る。	1つのスライドに50字以上の文字がある場合には、内容を口頭で説明するように指導する。	グループ ロイロノートの共有ノート

表2　発表時の相互評価に用いるルーブリック

	問題提起について	親から子へ遺伝の仕方について	今回の議題と遺伝の関係について
A	聞いていて「え、何？ この後が気になるんだけど…」となった。	親から子へ染色体、遺伝子の伝わり方、生物の殖え方を関連付けて伝えた。	世の中と遺伝の規則性や生き物の殖え方の結び付きを分かりやすく説明した。
B	課題への導入が面白いなと感じた。	親から子へ遺伝子の伝わり方と殖え方について関連付けて伝えた。	今回の課題を遺伝の規則性を関連付けて発表した。
C	課題に関わる問題について、分かりやすく発表した。	親から子へ染色体と遺伝子の伝わり方を伝えた。	今回の課題について、詳しく調べて発表した。
D	課題に関わる問題を発表した。	発表した。	今回の課題について、調べて発表した。

第5時「グループごとに発表、相互評価をする」

時間	生徒の学習活動	教師の指導・支援	学びの形態
5分	1 他のグループの発表を聞きながら、生徒同士で相互評価をする。	「よりよいものにするために」という観点で、適切な評価をすることや、具体的に書くように指導する。	学級　1人
40分	2 発表する。		ロイロノートの提出箱
	指示：①～⑥の課題について、調べたことを発表してみよう。聴いているときには、フィードバックをしてみよう。		
5分	3 講評を聞く。	各グループの発表について優れた点を伝える。	学級

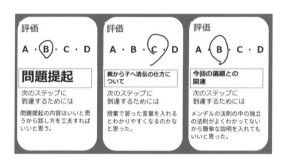

図5　生徒同士の相互評価の例

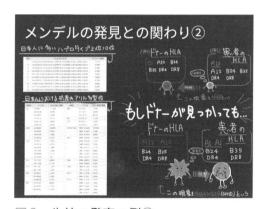

図6　生徒の発表の例①

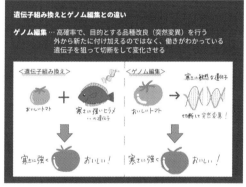

図7　生徒の発表の例②

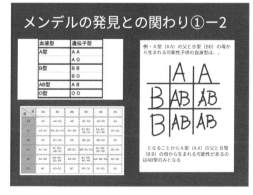

図8　生徒の発表の例③

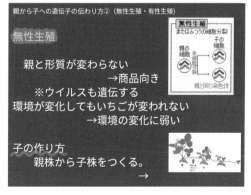

図9　生徒の発表の例④

4 協働的な学びの充実を図るために

　端末の活用を進める上で、今後の教師に求められるのは、学びの伴走者として、生徒たちにどのように探究させるかである。主体的に学ぶ態度を育むために、生徒が学ぶ楽しさを体験できる機会を提供したい。

(1)共有ノートを活用し、グループごとに情報の整理・共有

　ロイロノートの共有ノートを使用することによって、調べる情報について役割分担すること、情報を素早く共有すること、情報を系統立てて分析することなどが可能になり、スピード感のある授業展開が実現できた。さらに、生徒同士の相互評価を行う際も、情報のやりとりが一瞬で行われるようになり、生徒の活動をスムーズなものにしている。

(2)評価基準に基づく教師の細やかな支援(フィードバック)

　本事例では、まず教師が「どのような生徒を目指すか」を設定し、評価基準を定めた。さらに、生徒が学びを深める過程で、どのような段階を踏みながら、知識や思考、取り組む姿勢を高めていくかをあらかじめ想定し、評価基準やルーブリックに沿うように、何度も形成的評価（フィードバック）を行った。今回の授業を進める上で、生徒が自由に活動できる分、方向性を定めることが重要である。端末で学習の進捗状況を確認しながら、フィードバックを適宜行ったことにより、「どうやったらもっとよい発表になるのか」を明確に示すことができた。

　本事例のような自由度の高い課題を行う際には、評価基準やルーブリックを示すことによって、生徒の学びや活動の方向性を定めることができるため、大変有効であることが分かった。

(3)評価基準に基づいた生徒の相互評価

　生徒同士でも何度か評価をさせることで、現状の把握と次へのステップを意識させた。自分たちで学びを進め、すべきことを整理し、課題から新たな疑問を提起し始めた生徒の姿から、新たな学びの形を示すことができたと感じた。

おわりに

　本書は、素晴らしい実践を読者のみなさまに紹介したいという熱意で完成させることができた。原稿を寄せてくださった執筆者に深く感謝申し上げたい。

　執筆者の勤務地は、7割が都内、3割は他県である。全員が集合し、対面で協議する機会をつくることは難しく、結果的にメールのやりとりが主な情報交換の方法になる。顔を合わせ、原稿のコンセプトや内容について共通理解を図り、情報交換をすることがどうしても必要である。本書を完成させるために乗り越えなければならない大きなハードルはそこにあった。そこで、Zoomによるオンラインの編集会議を何度も開くこととなった。

　編集会議の第一の役割は、誰がどんな内容の原稿を書くのか、執筆分担を決めることである。各自が自信をもって提案したコンセプトでも、協議をするうちに大幅に変わってしまったり、ひどいときにはボツになったりすることもあった。

　編集会議の第二の役割は、書き上げた原稿を各自が提案し、精査することである。原稿の質を上げるため、ページ数の増減や新たな提案を盛り込むよう要求されることがあった。

　それらの編集会議を開催するにあたって、素稿をPDFにしてWebページで公開し、互いに共有できるようにした。1回につき2時間、計12回の編集会議を行ったが、その枠だけでは足りず、話し合いの場を追加設定した方もいる。それらの努力によって、地理的な条件を越え、時間を越え、互いにコミュニケーションを取りながら、本書を完成させることができた。

　なお、校正作業もPDFのやりとりで進めた。出版に際して、東洋館出版社の上野絵美氏には大変お世話になった。あわせて、厚く御礼申し上げる。

　結びに、本書が、より楽しい理科の授業につながり、学びの幅を広げる手助けとなれば幸いである。本書を手に取っていただいた読者のみなさまに、心から感謝の気持ちを表したい。本書を通じて教育現場での知見が広く共有されることで、理科教育がより充実したものになることを願っている。

2023年7月盛夏　山口晃弘

編著者紹介

山口晃弘　やまぐち あきひろ

東京農業大学 教職・学術情報課程 教授

元東京都公立中学校校長。中央教育審議会専門委員。文部科学省・学習指導要領等改善検討協力者。全国中学校理科教育研究会・顧問。主な著書に、『板書で見る全単元・全時間の授業のすべて　理科　中学校1～3年』(編著、東洋館出版社、2021)、『中学校「理科の見方・考え方」を働かせる授業』(編著、東洋館出版社、2017)、『中学校理科授業を変える課題提示と発問の工夫50』(明治図書、2015)　など多数。

執筆者一覧

※所属は2023年7月現在、掲載順

山口晃弘	前掲	1章1、2章①4、コラム
髙橋政宏	静岡県藤枝市立瀬戸谷中学校教諭	1章2、2章①7
武田舞子	東京都あきる野市立東中学校教諭	1章3
北田 健	東京都文京区立第十中学校主任教諭	2章①1
木村亮太	広島県広島市立五日市南中学校主幹教諭	2章①2、②8
兒山和子	広島県広島市立可部中学校教諭	2章①3
小原洋平	東京都立小石川中等教育学校主任教諭	2章①5
佐久間直也	筑波大学附属中学校教諭	2章①6
川島紀子	東京都文京区立第六中学校主任教諭	2章①8、①9
秋谷真理子	東京都立白鷗高等学校・附属中学校主任教諭	2章①10
神谷昭吾	静岡大学附属島田中学校主幹教諭	2章①11
杉山幹太	東京都神津島村立神津中学校教諭	2章①12
和田亜矢子	筑波大学附属中学校教諭	2章①13
吉田勝彦	東京都豊島区立西巣鴨中学校副校長	2章①14

村越 悟　東京都千代田区立神田一橋中学校主任教諭 ———————— 2章②1

髙田太樹　東京学芸大学附属世田谷中学校教諭 ———————— 2章②2

青木久美子　東京都世田谷区立千歳中学校主任教諭 ———————— 2章②3

中島誠一　東京都杉並区立富士見丘中学校指導教諭 ———————— 2章②4

前川哲也　お茶の水女子大学附属中学校主幹教諭 ———————— 2章②5

上田 尊　東京都練馬区立開進第四中学校主幹教諭 ———————— 2章②6、③3

中澤祐介　静岡大学附属浜松中学校教諭 ———————— 2章②7

渡邉 純　東京都江東区立第二砂町中学校指導教諭 ———————— 2章③1

神田慎太郎　広島県広島市立早稲田中学校教諭 ———————— 2章③2、③5

藤本博之　東京都足立区立竹の塚中学校主任教諭 ———————— 2章③4

長谷川隼也　埼玉県深谷市立豊里中学校教諭 ———————— 2章③6

内藤理恵　東京都世田谷区立駒沢中学校指導教諭 ———————— 2章③7

星 奈留水　東京都品川区立荏原第五中学校教諭 ———————— 2章③8

誰でも無理なくできる！
中学校理科がもっと楽しくなる1人1台端末の活用

2023（令和5）年7月29日　初版第1刷発行

編著者：山口晃弘
発行者：錦織圭之介
　　　　〒101-0054　東京都千代田区神田錦町2丁目9番1号
　　　　コンフォール安田ビル2階
　　　　代表　　電話03-6778-4343　FAX 03-5281-8091
　　　　営業部　電話03-6778-7278　FAX 03-5281-8092
　　　　振替　00180-7-96823
　　　　URL　https://www.toyokan.co.jp

装丁・本文デザイン：大悟法淳一、大山真葵、
　　　　　　　　　　　山本菜美（ごぼうデザイン事務所）
印刷・製本：シナノ印刷株式会社

ISBN978-4-491-05284-7　Printed in Japan